图说武当秘技系列（二）

武当字门点穴术

梁海龙 著

人民体育出版社

图书在版编目（CIP）数据

武当字门点穴术 / 梁海龙著. -- 北京：人民体育出版社, 2025. -- (图说武当秘技系列). -- ISBN 978-7-5009-6603-6

Ⅰ.G852.4-64

中国国家版本馆CIP数据核字第20258NB741号

武当字门点穴术

梁海龙　著
出版发行：人民体育出版社
印　　装：三河市兴达印务有限公司

开　本：880×1230　32开本　印张：7.75　字　数：208千字
版　次：2025年7月第1版　印　次：2025年7月第1次印刷
书　号：ISBN 978-7-5009-6603-6
印　数：1—3,000册
定　价：38.00元

版权所有·侵权必究
购买本社图书，如遇有缺损页可与发行与市场营销部联系
联系电话：（010）67151482
社　　址：北京市东城区体育馆路8号（100061）
网　　址：https://books.sports.cn/

丛书绘图组

高　翔　　丁亚丽
高　绅　　李梦瑶

总　序

2017年，中共中央办公厅、国务院办公厅印发了《关于实施中华优秀传统文化传承发展工程的意见》（以下简称《意见》），并发出通知，要求各地区各部门结合实际认真贯彻落实，体现了党和政府对中华优秀传统文化的重视。

在国民教育方面，《意见》提出，加强中华优秀传统文化相关学科建设，重视保护和发展具有重要文化价值和传承意义的"绝学"、冷门学科。在保护传承文化遗产方面，《意见》提出，推动民族传统体育项目的整理研究和保护传承。

中华武术有着数千年的发展历史，是中华民族在社会实践中创造的宝贵财富，是中华文化的重要组成部分。武当武术作为"内家之宗"，在武术爱好者中具有较高的认知度。正是基于此，我们策划了这套"图说武当秘技系列"丛书。

本套丛书种类齐全，既有养生法，又有技击术，还有大力功，精心选取与展现了丰富多彩的武当诸派秘技；注重练法，注重实效，突出"图说"，简明扼要，便于阅读和学习。丛书编写者都是武当武术相关的专家、学者、教授，他们既有自身体验，又有教学经验，既有很高的技术水平，又有很深的学术造诣。当然，不足之处在所难免，欢迎读者批评指正，以利今后进一步充实与完善。

内容提要

一、武当内家拳

武当内家拳，中国武术一大名宗，其技击术独树一帜。

黄宗羲《王征南墓志铭》载："少林以拳勇名天下，然主于搏人，人亦得以乘之。有所谓内家者，以静制动，犯者应手即仆，故别少林为外家。盖起于宋之张三峰……三峰之术，百年之后流传于陕西，而王宗为最著。温州陈州同，从王宗受之，以此教其乡人，由是流传于温州。嘉靖间，张松溪为最著。松溪之徒三四人，而四明（明清时宁波府，因境内有四明山亦称四明）叶继美、近泉为之魁，由是流传于四明。四明得近泉之传者，为吴昆山、周云泉、单思南、陈贞石、孙继槎，皆各有授受。昆山传李天目、徐岱岳；天目传余波仲、吴七郎、陈茂弘；云泉传卢绍岐；贞石传董扶舆、夏枝溪；继槎传柴元明、姚石门、僧耳、僧尾。而思南之传，则为王征南……凡搏人皆以其穴，死穴、晕穴、哑穴，一切如铜人图法。有恶少辱之者，为征南所击，其人数日不溺，踵门谢过，始得如故。牧童窃学其法，以击伴侣，立死。征南视之，曰：'此晕穴也，不久当苏。'已而果然。"

二、字门

字门，武当内家之奇门秘技，其"以字行拳"，招法独特；注重实战，擅长点穴。

据传，字门约在清朝康熙、雍正年间由武当宗师余克让传入江西。

余克让，祖籍浙江鄞县（今宁波市鄞州区），师从四明山僧耳（张松溪—近泉—孙继槎—僧耳—余克让），学练武当内家拳，尽得真传。后余克让云游至江西高安县（今江西省高安市，省辖县级市），打败当地很多高手，被挽留传教日久。时人请问师承，余克让仅说"以字行拳"，故其所传即被称作"字门"，由此扎根而开花结果。现代字门已流传至全国多地，各方技法争奇斗艳，各有偏重。

胡遗生《字门正宗·阐微论·出手》载："今夫宗派之繁杂，乃如百川之分流，以师承之各异，而手法遂不同矣。然则字门之出手，果何如乎？曰：贵软而忌硬，贵疾而忌迟，贵灵巧而忌呆笨，贵圆转而忌散漫。其发也，如离弦之矢；其转也，如迅转之轮；其动也，如香象渡河；其静也，如羚羊挂角。自始至终，如韩潮苏海之超超玄著，不着形迹。"

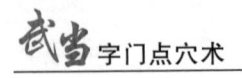

三、字门八法

字门八法，也称"字门八字"，即"残、推、援、夺、牵、捺、逼、吸"，以此为根，以此为母，衍生出技法万千。初练时先练一字，一字练熟再练一字，久练自化，熟极自神，八法归总，可应大敌。

《字门正宗·八字谱》载："残，探也。推，摞也。援，救也。夺，抢也。牵，带也。捺，按也。逼，闭也。吸，缩也。"

四、字门点穴术

民国武术家金一明《武当拳术秘诀·点穴之法》载："点有一指点、二指点之别，法有撞、拍、按、戳之分。除手法外，用膝盖者，曰膝撞点；用肘拐者，曰拐撞点。普通用掌者，则曰掌拍点、掌印点、掌按点。其用指者，则曰指戳点、指按点。用指点者，其创甚重；用膝、肘、掌点者，其创较轻……点穴者何？闭其交通之道，断其运输之功也。盖人之一身，外而五官四肢，内而五脏六腑，皆以筋络为线索，血脉为灌溉。筋络断，则缺乏活动之能；血脉停，则失其知觉之效。筋络始于爪甲，聚于肘膝，汇于头面；而主其活动之能者，气也，所以练筋必须练气。气行筋络之外，血行于脉络之内。血犹水也，穴犹泉也，闭之则凝瘀，开之则疏泄。血循气行，发源于心。自子时起，日夜十二时，周流于十二经，瞬息周间，潮血来回，百脉震动。若按其流行时刻，断其运输之道，则收反决逆流之效。此拳家所以有点穴之一法也。"

字门点穴术，又称"点血术""五百钱"等，其以人体穴位为重要攻击目标，手法别致，杀伤强烈。一旦有成，防身自卫时可直取敌方要穴，"穴为指点，无不如触蛇蝎，立奏奇效"，"轻点则晕，重点则死"，"着小穴则伤，着大穴则亡"。

1933年南京国术擂台赛期间，《申报》曾以"三寸断山岳，此乃东方妖术！"为题，报道赣南拳师李三胜在与蒙古摔跤手对决时，运用字门八法之"捺字诀"，精准击打对手肋下三寸章门穴，致其当场瘫倒，足见字门点穴之犀利难挡。

目 录

第一章　字门天罡三十穴点击法 / 2

　　一、击太阳穴（抛三关）/ 4
　　二、击上星穴（关门拒敌）/ 5
　　三、击囟会穴（顺风摆柳）/ 7
　　四、击翳风穴（牵牛进栏）/ 8
　　五、击山根穴（灵猫上树）/ 10
　　六、击瘿脉穴（顺牵反逼）/ 11

　　七、击风府穴（转体标插）/ 13
　　八、击天突穴（摇连大手）/ 15
　　九、击缺盆穴（白蛇出洞）/ 16
　　十、击乳根穴（柳叶插掌）/ 18
　　十一、击中庭穴（辕门射戟）/ 19
　　十二、击胸乡穴（下分手）/ 21
　　十三、击期门穴（拦腰截气）/ 22
　　十四、击渊腋穴（搅纱逼手）/ 23

十五、击膈关穴（浪子摇船）/ 25

十六、击秉风穴（文公擦掌）/ 26

十七、击腰宜穴（掌劈华山）/ 28

十八、击中极穴（通臂五雷）/ 29

十九、击腰阳关穴（孔明穿针）/ 31

二十、击至阳穴（拧挂手）/ 32

二十一、击魄户穴（三娘揭水）/ 34

二十二、击肾俞穴（蛟龙摆尾）/ 35

二十三、击会阴穴（寒鸡抱蛋）/ 37

第二章　字门地煞七十二穴点击法 / 38

一、击印堂穴（白蛇吐芯）/ 40

二、击鼻梁穴（兹扣横杀）/ 42

三、击水沟穴（阴阳标指）/ 43

四、击承浆穴（鹞子抓肩）/ 44

五、击廉泉穴（摇风手）/ 46

六、击地仓穴（中圈直射）/ 47

七、击听会穴（双峰贯耳）/ 48

八、击哑门穴（后杀拉弓）/ 49

九、击玉枕穴（水底捞石）/ 51

十、击风池穴（拧挂手）/ 52

目 录

十一、击脑户穴（勾漏顶肘）/ 53

十二、击璇玑穴（劈托大手）/ 55

十三、击华盖穴（叶里偷桃）/ 57

十四、击膺窗穴（推山入海）/ 58

十五、击天宗穴（提拦手）/ 59

十六、击巨阙穴（拧手按拳）/ 60

十七、击水分穴（转身标插）/ 62

十八、击气海穴（浪子踢球）/ 63

十九、击关元穴（双贯铜壶）/ 65

二十、击腹结穴（披挂打手）/ 66

二十一、击神封穴（双龙出洞）/ 68

二十二、击中枢穴（绊腿劈掌）/ 70

二十三、击脊中穴（半边月）/ 71

二十四、击肝俞穴（圈缠反搏）/ 73

二十五、击腰俞穴（抖手横杀）/ 74

二十六、击曲骨穴（面花贴辍）/ 76

二十七、击长强穴（海底捞月）/ 77

二十八、击天溪穴（凤凰晒翅）/ 78

二十九、击食窦穴（圆滚大手）/ 80

三十、击日月穴（仙鹤缩身）/ 81

三十一、击京门穴（双插掌）/ 82

三十二、击合谷穴（金丝缠腕）/ 83

三十三、击劳宫穴（拉弓势）/ 85

三十四、击曲池穴（司家落巢）/ 86

三十五、击大陵穴（拧手按拳）/ 87

三十六、击内关穴（摇连大手）/ 89

三十七、击委中穴（贴夺点打）/ 90

三十八、击解溪穴（铁牛耕地）/ 92

三十九、击血海穴（扁担手）/ 93

四十、击犊鼻穴（马蹄双定）/ 94

四十一、击足三里穴（落地捡柴）/ 95

四十二、击外踝尖穴（老道撞钟）/ 97

四十三、击冲阳穴（卷地风）/ 98

四十四、击昆仑穴（狮子开口）/ 99

四十五、击申脉穴（童子拜佛）/ 100

第三章　字门八法归总三十六式点穴手 / 102

一、击喉结（白蛇吐芯）/ 104

二、击长强（顺水推舟）/ 105

三、击脑户（顺手牵羊）/ 107

四、击巨阙（推山入海）/ 108

五、击太阳（单凤朝阳）/ 110

六、击极泉（叶底藏花）/ 111

七、击扶突（李逵砍柴）/ 112

八、击印堂（迎面铁扇）/ 113

九、击膻中（老君拂袖）/ 115

十、击委中（力士摔牛）/ 116

目 录

十一、击章门（搅纱直逼）/ 117

十二、击大迎（反打天门）/ 119

十三、击曲骨（倒踢铜炉）/ 120

十四、击肩髃（摆肘逼门）/ 122

十五、击极泉（野马分鬃）/ 123

十六、击鸠尾（虹上架桥）/ 125

十七、击神庭（拳打卧牛）/ 126

十八、击会阴（抱虎归山）/ 127

十九、击耳门（披袍献甲）/ 129

二十、击中庭（十字分心）/ 130

二十一、击䯒筋（贴肉生根）/ 131

二十二、击人迎（敬德挥鞭）/ 133

二十三、击颊车（两耳挂红）/ 134

二十四、击期门（霸王摆肘）/ 136

二十五、击水突（百步穿杨）/ 137

二十六、击膺窗（白马坐坡）/ 139

二十七、击廉泉（白鹤亮翅）/ 140

二十八、击华盖（白虹贯日）/ 142

二十九、击上脘（武松打虎）/ 143

三十、击云门（马上用拐）/ 144

三十一、击胸乡（巧弹琵琶）/ 145

三十二、击天柱（海底掀波）/ 147

三十三、击听宫（双峰贯耳）/ 148

三十四、击鸠尾（老汉开门）/ 150

三十五、击华盖（仙人撒网）/ 152

三十六、击水沟（浪子擒敌）/ 153

第四章　字门古传二十四式
点穴手 / 156

一、击前顶（青龙盘顶）/ 158
二、击山根（金桥架梁）/ 159
三、击太阳（丹凤朝阳）/ 160
四、击天突（金秋落井）/ 161
五、击极泉（白蛇进洞）/ 163
六、击乳根（气血门关）/ 164
七、击章门（五里还阳）/ 165
八、击腹结（虎下西川）/ 166

九、击人迎（猿猴闹洞）/ 167
十、击曲骨（铜壶滴漏）/ 168
十一、击哑门（黄鹅金身）/ 169
十二、击天柱（凤凰点头）/ 171
十三、击魄户（雀入凤眼）/ 172
十四、击腰眼（拦腰截气）/ 174
十五、击水分（双龙盘珍）/ 175
十六、击中庭（中心大秘）/ 177
十七、击京门（金钩挂月）/ 178

十八、击膈关（仙人夺印）/ 179

十九、击肾俞（金龙分角）/ 181

二十、击会阴（月里偷桃）/ 182

二十一、击命门（双龙司子）/ 183

二十二、击鸠尾（金钱下海）/ 185

二十三、击膺窗（饿虎踞堂）/ 187

二十四、击腰阳关（三龙盘根）/ 188

第五章　字门秘传二十四式拿穴法 / 190

一、拿太阳 / 192

二、拿天容 / 194

三、拿风府 / 195

四、拿天柱 / 196

五、拿廉泉 / 198

六、拿肩井 / 199

七、拿巨骨 / 200

八、拿臂臑 / 201

九、拿手五里 / 203

十、拿曲池 / 204
十一、拿少海 / 206
十二、拿尺泽 / 207
十三、拿阳池 / 209
十四、拿阳谷 / 210
十五、拿大陵 / 212
十六、拿期门 / 213

十七、拿章门 / 215
十八、拿膈关 / 216
十九、拿志室 / 217
二十、拿箕门 / 219
二十一、拿委中 / 220
二十二、拿筑宾 / 222
二十三、拿公孙 / 223
二十四、拿涌泉 / 225

第一章
字门天罡三十六穴点击法

字门天罡三十六穴点击法，是武当字门流传最广的一种点穴法。其以"天罡穴"配以"字门八法"，可使初学者尽快掌握字门基本的点穴手法，尽快熟悉以穴位为攻击目标的实战招数，为学习更高级的点穴术打下良好基础。

在传统字门点穴中，各派传承不一，穴名不一，位置不一，而且与现行针灸穴位也有所不一，很不便于学习研究。因此，本书皆以现行标准穴名为例，其详细位置、气血运行以及经络走向等需自行查阅相关资料。

另外，字门天罡穴共三十六位，切合道家天罡之数，乃为传统惯称。其实只有二十三个穴名，其中包含十三对双穴（即左右对称的穴位），仅有十个单穴。

其中，双穴：太阳穴、翳风穴、瘈脉穴、缺盆穴、乳根

穴、胸乡穴、期门穴、渊腋穴、膈关穴、秉风穴、腰宜穴、魄户穴、肾俞穴。单穴：上星穴、囟会穴、山根穴、风府穴、天突穴、中庭穴、中极穴、腰阳关穴、至阳穴、会阴穴。

　　本章招法取自字门八法，为其单字使用法，精湛实用，轻可致敌酸麻不适，疼痛失力；重则致敌穴伤气闭，昏晕倒地。

　　其中，残字：抛三关、白蛇出洞、拧挂手。逼字：关门拒敌、顺牵反逼、搅纱逼手、掌劈华山、通臂五雷。夺字：顺风摆柳、灵猫上树、转体标插、寒鸡抱蛋。牵字：牵牛进栏、拦腰截气、三娘揭水。推字：摇连大手、柳叶插掌。援字：辕门射戟、下分手、文公擦掌、蛟龙摆尾。捺字：浪子摇船。吸字：孔明穿针。

一、击太阳穴（抛三关）

【实战举例】

1. 敌方左脚进步，左拳冲击我方胸部。我方右脚向右闪步；上起左掌，向左拦切敌方左肘。（图1-1）

图1-1

2. 随即，我方左脚上步，进至敌方中门；左掌拨开敌方左臂；右掌变成锥子拳，向上点击敌方头部左侧之太阳穴。（图1-2）

锥子拳：也叫"锥子手"，是字门一种独特的点穴拳形。其动作要领为五指握紧，使中指第二骨节突出，以此发力伤敌。此拳为字门常用点穴手形，穿透力强，力量充足，不易伤指，初学者或功力不足者也能应用无碍。

图1-2

二、击上星穴（关门拒敌）

【实战举例】

1. 敌方右脚上步，右拳冲击我方脸部。我方向左闪过；上起左掌，向右拦推敌方右肘。（图1-3）

图1-3

2．随即，我方右脚外摆；左脚向前上步，进至敌方右门；左掌顺势下压敌方右臂；右掌中指向前下按敌方头部之上星穴。（图1-4）

图1-4

3．我方右掌略抬掌根，手成剑指，抖劲发力，伤其上星穴。（图1-5）

剑指点穴，力在中指，钻敌空当，突击奇袭。但要击准要穴，且需指功雄厚，否则难以伤敌，反易折伤。

上星穴：字门旧称天心穴。

图1-5

三、击囟会穴（顺风摆柳）

【实战举例】

1. 敌方右脚上步，右拳冲击我方胸部。我方撤步后闪；上提右臂，向右拦格敌方右臂。（图1-6）

图1-6

2. 随即，我方右脚向右摆步，左脚向前上步；右掌扣抓敌方右腕，向右拧拽；左腕向右拦压敌方右上臂，致其低头俯身。（图1-7）

图1-7

3．我方左脚向左摆步，右脚向前上步；左腕压下敌方右臂；右手变成锥子拳，向前点击敌方头部之囟会穴。（图1-8）

囟会穴：字门旧称天平穴。

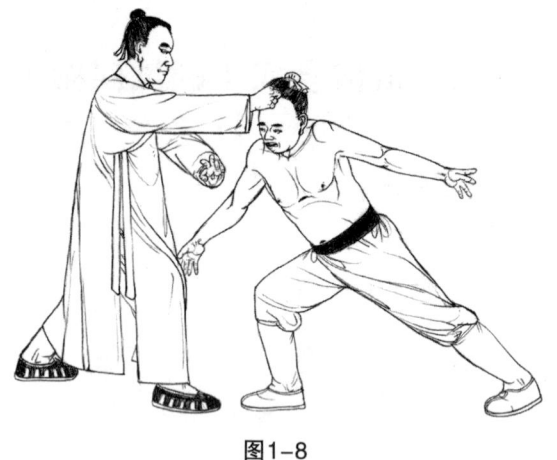

图1-8

四、击翳风穴（牵牛进栏）

【实战举例】

1．敌方右脚上步，左拳崩击我方胸部。我方撤步吞身；左掌上摆，向左拦截敌方左肘。（图1-9）

图1-9

2. 随即，我方左掌顺势抓住敌方左腕，向左牵带；左脚向左摆步，向左转身；右掌推按敌方左肩助劲，致其步乱身歪。（图1-10）

图1-10

3. 我方乘机以右手拇指、食指二指捏住敌方左耳，向左撕扯。（图1-11）

图1-11

4．最后，我方右手中指发力，顺利点中敌方颈部之翳风穴。（图1-12）

翳风穴：字门旧称耳空穴或耳关穴。

图1-12

五、击山根穴（灵猫上树）

【实战举例】

1．临敌之时，我方先出左脚，向敌方右膝踩去，阻其进步。（图1-13）

图1-13

2. 随即，我方左脚顺势落地，进于敌方中门；左掌变成锥子拳，向上点击敌方鼻梁上侧之山根穴。（图1-14）

图1-14

六、击瘈脉穴（顺牵反逼）

【实战举例】

1. 我方左脚进步，左掌向敌方右颈劈切而去。敌方退步后躲；上起右臂，格挡我方左掌。（图1-15）

图1-15

2. 随即，我方前伸右手扣抓敌方右腕，向右拧拉；身向右转，左掌按住敌方右上臂向右旋推，致其身歪步乱。（图1-16）

图1-16

3. 我方左臂按压敌方右臂，使其上门洞开；向左转体，右手变成锥子拳，向前点击敌方耳后之瘛脉穴。（图1-17）

瘛脉穴：字门旧称耳窍穴。

图1-17

七、击风府穴（转体标插）

【实战举例】

1. 敌方移步进身，右脚蹬向我方脸部。我方下蹲后闪。（图1-18）

图1-18

2. 随即，我方右脚上步，左脚绕步，进至敌方右后。敌方右脚落地，尚未转身。（图1-19）

图1-19

3. 我方乘机两脚前跳，接近敌方；右手变成蛇头掌，插击敌方颈后之风府穴。（图1-20）

图1-20

蛇头掌：也叫"勾腕掌"，动作要领为五指并拢，手心屈空，掌背鼓起，腕节里勾，掌指与掌背成角度，形如蛇头。此掌穿刺点插，易发易收，速度很快，常用于近身突击，短促杀伤。在点穴时此掌以中指尖为发力点。

风府穴：字门旧称总心穴。

八、击天突穴（摇连大手）

【实战举例】

1. 敌方右脚上步，右拳崩击我方喉部。我方向后撤步，吞身避过；上起左掌，向左拦压敌方右臂。（图1-21）

图1-21

2. 敌方又跨左脚，左拳冲击我方脸部。我方两脚后滑；右转左掌，向右拦截敌方左臂。（图1-22）

图1-22

3．我方左掌继续用力，向右下压敌方左臂；右脚上步，进至敌方左门；身向前探，右掌乘机插击敌方颈前之天突穴。（图1-23）

天突穴：字门旧称井泉穴。

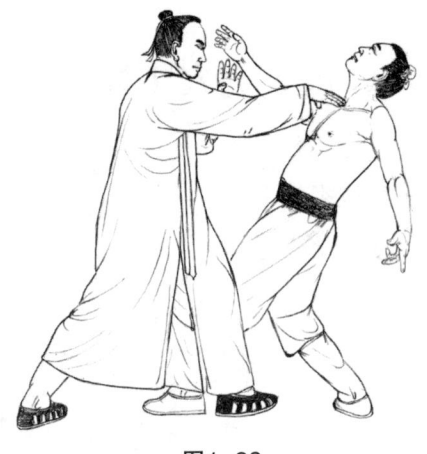

图1-23

九、击缺盆穴（白蛇出洞）

【实战举例】

1．敌方右脚上步，右拳冲击我方胸部。我方向右闪过；上提左掌，向左反手勾挂敌方右臂。（图1-24）

图1-24

2. 随即，我方右脚垫步，左脚跨进敌方中门；左掌顺势以指尖向下反穿，插向敌方裆部。敌方吞身收腹，向前俯身；下伸两掌，拦格我方左臂，阻截我方反攻。（图1-25）

图1-25

3. 我方两脚摆扣，左腿弓步，身向左探；左掌向前上转，变成蛇头掌，点击敌方锁骨上缘之缺盆穴。（图1-26）

缺盆穴：字门旧称井栏穴。

图1-26

十、击乳根穴（柳叶插掌）

【实战举例】

1. 敌方右脚上步，右拳冲击我方胸部。我方撤步蹲身；上起右掌，向左拦切敌方右臂。（图1-27）

图1-27

2. 随即，我方右掌继续用力拨开敌方右臂；右脚前移；左掌插击敌方胸部右侧之乳根穴。（图1-28）

图1-28

3. 我方右掌紧跟而出，插击敌方左侧乳根穴。（图1-29）

乳根穴：字门旧称气海穴。

图1-29

十一、击中庭穴（辕门射戟）

【实战举例】

1. 敌方右脚上步，右拳冲击我方胸部。我方右脚向右摆步；上提左臂，向左拦格敌方右臂。（图1-30）

图1-30

2．随即，我方左臂继续用力拨开敌方右臂；左脚略向前移；右掌推击敌方脸部，迫其仰头躲避。（图1-31）

图1-31

3．我方趁敌方中盘空虚之际，身向右转；左掌速变锥子拳，点击敌方胸部之中庭穴。（图1-32）

中庭穴：字门旧称中心穴。

图1-32

十二、击胸乡穴（下分手）

【实战举例】

1. 敌方垫步进身，左腿扫踢我方右膝。我方潜步蹲身；右手向右勾挂敌方左脚后跟；左掌向右拦推敌方左膝，合力阻敌。（图1-33）

图1-33

2. 随即，我方左脚外摆，右脚上步，身体前探；右臂屈肘，顺势夹住敌方左小腿向上兜起；左掌速成锥子拳，点击敌方胸部左侧之胸乡穴。（图1-34）

胸乡穴：字门旧称三关穴。

图1-34

十三、击期门穴（拦腰截气）

【实战举例】

1. 敌方右脚上步，右拳冲击我方胸部。我方沉身后坐，避过敌方拳击；两掌收于胸前，蓄势待发。（图1-35）

图1-35

2. 随即，我方不待敌方换势，右腿蹬劲，起身前探；两掌变成锥子拳，一齐点击敌方胸部两侧之期门穴。（图1-36）

图1-36

3. 我方两拳略收即发，变掌前插，寸劲抖击，再击敌方左右期门穴。（图1-37）

期门穴：字门旧称血仓穴。

图1-37

十四、击渊腋穴（搅纱逼手）

【实战举例】

1. 敌方右脚上步，右拳冲击我方胸部。我方撤身闪过，坐马蹲步；上起左掌，拦截敌方右臂。（图1-38）

图1-38

2. 随即，我方左掌顺势向左上穿，用左臂拨开敌方右臂；左脚上步，进于敌方中门；右掌发力（虎口向上），向前插击敌方胸部右侧之渊腋穴。（图1-39）

图1-39

3. 我方两腿成弓步；右掌后收；左掌顺势下插（虎口向右），再击敌方胸部右侧之渊腋穴。（图1-40）

渊腋穴：字门旧称飞燕入洞穴。

图1-40

十五、击膈关穴（浪子摇船）

【实战举例】

1. 敌方左脚进步，左拳冲击我方胸部。我方撤身闪过；上提左掌，向左拦格敌方左臂。（图1-41）

图1-41

2. 随即，我方两脚绕步，进至敌方左后；左掌贴住敌方左臂前滑，按推敌方左肩，致其身步不稳。（图1-42）

图1-42

3. 我方右脚再上一步，上体左转；右手剑指乘机点击敌方脊柱左侧之膈关穴。（图1-43）

膈关穴：字门旧称凤翅穴。

图1-43

十六、击秉风穴（文公擦掌）

【实战举例】

1. 敌方左脚进步，左拳冲击我方胸部。我方向右闪过，蹲步吞身；上起左掌，向左拦格敌方左肘。（图1-44）

图1-44

第一章　字门天罡三十六穴点击法

2. 随即，我方两脚绕步，进至敌方左后；上体左转，立起右掌，以磨刀势劈震敌方左侧肩胛之秉风穴。（图1-45）

图1-45

3. 我方右掌不收，顺势旋腕转指，变锥子拳抖劲点击，再伤敌方左侧肩胛之秉风穴。（图1-46）

秉风穴：字门旧称斑斓穴。

图1-46

27

十七、击腰宜穴（掌劈华山）

【实战举例】

1. 敌方右脚上步，右拳冲击我方喉部。我方向左偏身避过；上起右掌，向右拦格敌方右臂。（图1-47）

图1-47

2. 接着，我方右掌顺势抓拿敌方右腕，旋劲拧转，致其低头俯身；右脚右摆，左脚乘机上步，进至敌方右门；左掌掌根发力，以摇风手劈击敌方腰部右侧之腰宜穴。（图1-48）

图1-48

3．我方右手松开敌方手腕，变锥子拳向前盖下，点击敌方腰部左侧之腰宜穴。（图1-49）

腰宜穴：字门旧称蟾宫穴。

图1-49

十八、击中极穴（通臂五雷）

【实战举例】

1．敌方右脚上步，右拳冲击我方脸部。我方撤步退身；上起右掌，向左拦格敌方右臂。（图1-50）

图1-50

2. 接着，我方右脚向右上步，进至敌方中门；右掌上起，暗护上盘；左掌速变锥子拳，向前点击敌方下腹之中极穴。（图1-51）

图1-51

3．左手变掌，架臂上护；右掌变锥子拳，再击敌方中极穴。（图1-52）

中极穴：字门旧称铜壶滴漏穴。

图1-52

十九、击腰阳关穴（孔明穿针）

【实战举例】

1. 敌方右脚上步，左拳冲击我方胸部。我方向右闪步，偏身避过；上起左掌，向左拦格敌方左肘。（图1-53）

图1-53

2. 接着，我方左掌顺势抓住敌方左肘，猛劲向左下拽，致其前倾欲倒。（图1-54）

图1-54

3. 我方左脚摆步，右脚向右进步，坐马蹲身；右手乘机变成锥子拳，点击敌方脊柱腰区之腰阳关穴。（图1-55）

腰阳关穴：字门旧称凤尾穴。

图1-55

二十、击至阳穴（拧挂手）

【实战举例】

1. 敌方垫步，左脚弹踢我方裆部。我方向右闪步，偏身避过；左掌向左下拍敌方左小腿，拨开敌方来踢。（图1-56）

图1-56

2. 随即，我方右脚进步；左掌顺势抄起敌方左腿，向前上抛起；右掌乘机拦推敌方左臂，致其身向右转，背对我方。（图1-57）

图1-57

3. 我方左脚抢上一步；左掌速变锥子拳，点击敌方脊柱背区之至阳穴。（图1-58）

至阳穴：字门旧称背心穴或背漏穴。

图1-58

二十一、击魄户穴（三娘揭水）

【实战举例】

1. 敌方右脚上步，右拳冲击我方喉部。我方右转偏身避过；上起两掌拦截，右掌拦其右腕，左掌拦其上臂。（图1-59）

图1-59

2. 随即，两手顺势抓住敌方腕臂，一齐用力向右牵带，致其势歪步乱，身向前扑；两脚乘机绕步，向右转身，进至敌方右后。（图1-60）

图1-60

3. 我方左掌发力，猛劲点插，伤敌方脊柱左侧魄户穴。（图1-61）

魄户穴：字门旧称鬼口穴。

图1-61

二十二、击肾俞穴（蛟龙摆尾）

【实战举例】

1. 敌方左脚进步，左拳崩击我方脸部。我方向右偏身；前伸左臂，向左拦格敌方左臂，化解来拳力道。（图1-62）

图1-62

2. 接着，我方右脚稍撤，步向下沉；左掌顺势抓住敌方左腕，向左下拧；上提右掌，按住敌方左肘，向左推压。敌方见我方擒拿，急忙用力相抗。（图1-63）

图1-63

3. 我方变擒为打，身向左转，右脚扣步，上身前探；右掌速变锥子拳，点击敌方脊柱左侧肾俞穴。（图1-64）

肾俞穴：字门旧称肾腧穴。

图1-64

二十三、击会阴穴（寒鸡抱蛋）

【实战举例】

1. 敌方左脚前移，猛抬右脚蹬向我方脸部。我方上体后仰，避其锋芒；两腕交叉成十字掌，合力上架敌方右脚跟。（图1-65）

2. 我方左臂继续用力，向左拨开敌方右腿；左脚前移，右膝沉跪，身向下潜；右掌握成剑指，乘机奇袭，点击敌方裆下之会阴穴。（图1-66）

图1-65

会阴穴：字门旧称海底穴。

图1-66

第二章

字门地煞七十二穴点击法

字门点穴术中的穴位分类，多以道家用语相称。与本书第一章天罡三十六穴一样，这一章则以地煞穴为点击目标，切合地煞七十二之数。

虽说有七十二穴，除去左右对称之双穴二十七个外，实际穴名只有四十五个。其中，双穴分别为地仓穴、听会穴、玉枕穴、风池穴、膺窗穴、天宗穴、腹结穴、神封穴、肝俞穴、天溪穴、食窦穴、日月穴、京门穴、合谷穴、劳宫穴、曲池穴、大陵穴、内关穴、委中穴、解溪穴、血海穴、犊鼻穴、足三里穴、外踝尖穴、冲阳穴、昆仑穴、申脉穴。单穴有十八个，分别为印堂穴、鼻梁穴、水沟穴、承浆穴、廉泉穴、哑门穴、脑户穴、璇玑穴、华盖穴、巨阙穴、水分穴、气海穴、关元穴、中枢穴、脊中穴、腰俞穴、曲骨穴、长强穴。

本章仍然选择字门八法，用单字举例，以使读者进一步学习与掌握字门点穴的精巧妙用。

其中，残字：白蛇吐芯、箭扣横杀、摇风手、拧手按拳、半边月、金丝缠腕、拧手按拳、扁担手。吸字：阴阳标指、鹞子抓肩、拧挂手、铁牛耕地、提拦手、披挂打手、双峰贯耳、双龙出洞、绊腿劈掌、仙鹤缩身、双插掌。推字：中圈直射、圈缠反搏、摇连大手。牵字：劈托大手、叶里偷桃、推山入海、凤凰晒翅。捺字：浪子踢球、圆滚大手、拉弓势、老道撞钟、卷地风。逼字：双贯铜壶、贴夺点打。夺字：抖手横杀、面花贴辍、马蹄双定、落地捡柴、狮子开口、童子拜佛、后杀拉弓、水底捞石、勾漏顶肘、转身标插。援字：海底捞月、司家落巢。

一、击印堂穴（白蛇吐芯）

【实战举例】

1. 敌方右脚上步，右拳冲击我方胸部。我方撤步蹲身，避过敌拳；上起左掌，向左拦格敌方右臂。（图2-1）

图2-1

2. 接着，我方两脚前滑，左脚进至敌方中门，左腿弓步；左掌顺势向前上穿，掌心向下，指尖发力，插击敌方两眉中间之印堂穴。（图2-2）

图2-2

3. 我方右掌变成锥子拳，再度点击敌方印堂穴。（图2-3）

印堂穴：字门旧称眉心穴。

图2-3

二、击鼻梁穴（兹扣横杀）

【实战举例】

1. 敌方右脚上步，右拳崩击我方腹部。我方吞身避过；提起右掌，向下劈砍敌方右臂。（图2-4）

图2-4

2. 随即，我方右掌顺势抓住敌方右腕，向右拉拽；左脚稍进，两腿成弓步；左掌按住敌方右上臂，向右推挤，意欲将其擒拿。敌方回拉右臂，用力相抗。（图2-5）

图2-5

3．我方见擒拿受阻，两脚趁其回劲滑步前移；右手抓住敌方手腕，尽量不让其脱手；左掌顺势上起，切击敌方鼻梁穴。（图2-6）

鼻梁穴：也称架梁穴，是字门点穴的独特叫法，针灸中没有此穴。此处受击易折，脆弱不堪。

图2-6

三、击水沟穴（阴阳标指）

【实战举例】

1．敌方右脚上步，右拳冲击我方胸部。我方吞身避过；左手乘机抓住敌方右腕；上提右掌，拦护上门。（图2-7）

图2-7

43

2. 我方左手向下抖劲一拉，顺势压制敌方右臂；左脚上步，进至敌方中门；右手变成金枪指，点击敌方鼻唇间水沟穴。（图2-8）

金枪指：食指伸直，余指扣紧，以食指指尖发力。

水沟穴：字门旧称人中穴。

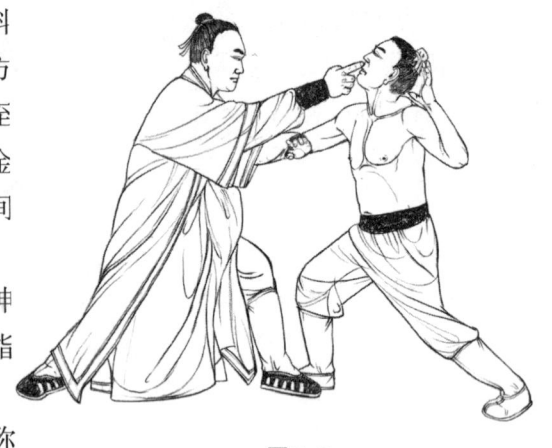

图2-8

四、击承浆穴（鹞子抓肩）

【实战举例】

1. 敌方右脚上步，右拳崩击我方脸部。我方向右闪过，向右偏身；上提右掌，拦截敌方右拳。（图2-9）

图2-9

2. 随即，我方右手顺势抓住敌方右拳，向左缠拧；上提左手，抓住敌方右腕，向右缠拧；身向下沉，合力擒拿，伤其右腕，致其前俯。（图2-10）

图2-10

3. 我方左手向左下甩敌方右腕；腾出右手，握成锥子拳，点击敌方唇下之承浆穴。（图2-11）

承浆穴：字门旧称牙缝穴。

图2-11

五、击廉泉穴（摇风手）

【实战举例】

1. 敌方右脚上步，左拳冲击我方腹部。我方撤步蹲身，避过敌拳；右掌向左拦切敌方左臂。（图2-12）

图2-12

2. 我方右掌变成勾手，顺势向右下勾挂，拨开敌方左手；左脚上步，进至敌方中门；身向右转，左手剑指向前穿出，戳击敌方喉结上方之廉泉穴。（图2-13）

廉泉穴：字门旧称金鹅取血穴。

图2-13

六、击地仓穴（中圈直射）

【实战举例】

1. 敌方右脚上步，右拳来击我方腹部。我方吞身后闪；左臂横于腹前；右臂前伸，封闭中盘，防敌再进。（图2-14）

图2-14

2. 我方右掌乘机抓住敌方右腕；身体上起，两脚前滑，成左弓步；左掌握成锥子拳，点击敌方口角右侧之地仓穴。（图2-15）

地仓穴：字门旧称牙腮穴。

图2-15

七、击听会穴（双峰贯耳）

【实战举例】

1. 敌方右脚上步，右拳崩击我方腹部。我方撤步下坐，避过敌拳；上挑左掌，向左拦格敌方右臂。（图2-16）

图2-16

2. 随即，我方左脚前移，身体上起；两掌一起前插，左掌击向敌方胃脘，掌心向下；右掌击向敌方裆部，掌心向上。敌方急忙后躲。（图2-17）

图2-17

3．我方两掌顺势变锥子拳，一起向上夹击，伤敌脸部两侧之听会穴。（图2-18）

听会穴：字门旧称金钱穴。

图2-18

八、击哑门穴（后杀拉弓）

【实战举例】

1．敌方右脚上步，右拳崩击我方喉部。我方向左闪过；上起右臂，向右格挡敌方右臂。（图2-19）

图2-19

2. 随即，我方右掌顺势抓住敌方右臂，向右猛劲拉甩，致其身向前栽，步法散乱。（图2-20）

图2-20

3. 我方迅速向右转身，紧跟左手变金枪指，点击敌方颈后哑门穴。（图2-21）

哑门穴：字门旧称对口穴。

图2-21

九、击玉枕穴（水底捞石）

【实战举例】

1. 敌方垫步进身，左脚踹击我方头部。我方重心右移，仆步下沉，避过敌方踢击。（图2-22）

图2-22

2. 我方趁敌方势尽迅疾起身，左手向左拨开敌方左腿；右手握成金枪指，点击敌方后脑之玉枕穴。（图2-23）

玉枕穴：字门旧称枕边穴。

图2-23

十、击风池穴（拧挂手）

【实战举例】

1. 敌方垫步进身，左脚撩踢我方腹部。我方向右偏身避过；左掌下伸，向左反拦敌方左小腿。（图2-24）

图2-24

2. 随即，我方右脚稍向前移；左手继续用力，贴住敌方左小腿向左上方拨，致其身向右旋，背向我方。（图2-25）

图2-25

3. 我方左脚上步；右手乘机握成金枪指，点击敌方颈后左侧之风池穴。（图2-26）

风池穴：字门旧称凤池穴。

图2-26

十一、击脑户穴（勾漏顶肘）

【实战举例】

1. 敌方滑步进身，左拳崩击我方胸部。我方向右稍闪，沉身下坐，避过敌拳；上起右掌，向左拦切敌方左臂。（图2-27）

图2-27

2. 随即，我方右脚上步，进至敌方左门；右掌握拳，上提前臂向左裹击敌方左上臂，致其臂疼失力，身向右旋。（图2-28）

图2-28

3. 接着，我方右脚稍进，起身左转；右肘顺势向上拐击敌方后颈。（图2-29）

图2-29

4. 我方右手握成锥子拳，弧形发劲，点击敌方头后之脑户穴。（图2-30）

脑户穴：字门旧称后脑穴。

图2-30

十二、击璇玑穴（劈托大手）

【实战举例】

1. 敌方垫步进身，左腿扫踢我方右腿。我方撤身坐马；下伸右掌，向右斜砍敌方小腿。（图2-31）

图2-31

2. 随即，我方左脚前跨；上穿左掌，撩击敌方眼睛。敌方收步仰头。（图2-32）

图2-32

3. 我方左脚前移，上身前探；右掌握成锥子拳，放长击远，点击敌方胸部之璇玑穴。（图2-33）

璇玑穴：字门旧称龟子骨穴。

图2-33

十三、击华盖穴（叶里偷桃）

【实战举例】

1. 敌方右脚上步，右拳冲击我方脸部。我方两脚不动，仰身避过；上起左掌，向左拦切敌方右臂。（图2-34）

图2-34

2. 我方左脚前移，进至敌方中门；身向前探，两手齐击；左掌握成锥子拳，点击敌方胸部之华盖穴；右掌前撩敌方裆部，令其顾此失彼。（图2-35）

华盖穴：字门旧称朝阳穴。

图2-35

十四、击膺窗穴（推山入海）

【实战举例】

1. 敌方右脚上步，右拳冲击我方脸部。我方旋即下蹲，沉身避过；两掌提起，蓄势待发。（图2-36）

图2-36

2. 随即，我方不待敌方换势，左脚急跨一步，进至敌方中门；两掌握成锥子拳，一起冲出，点击敌方胸部左右膺窗穴。（图2-37）

膺窗穴：字门旧称将台穴，又名二仙传道穴。

图2-37

十五、击天宗穴（提拦手）

1. 敌方右脚上步，右拳崩击我方胸部。我方向左闪过，向右转身；上起右掌，拦截敌方右拳。（图2-38）

图2-38

2. 接着，我方右手顺势抓住敌方右腕，向右拉拽；两脚前滑，左脚进至敌方中门；左掌按住敌方右肘向右用力下压，擒住敌方右臂，致其难动。（图2-39）

图2-39

3．如敌方不甘被擒，用力挣脱；我方则右手松开敌方手腕，握成锥子拳，点击敌方右侧肩胛之天宗穴，将其重创。（图2-40）

天宗穴：字门旧称挂膀穴。

图2-40

十六、击巨阙穴（拧手按拳）

【实战举例】

1．敌方右脚上步，右拳冲击我方脸部。我方向右稍闪；上提左手，用左臂向左拦格敌方右臂。（图2-41）

图2-41

第二章　字门地煞七十二穴点击法

2. 随即，我方右脚上步，进至敌方中门；左手握拳，与右拳一起撞向敌方腹部。敌方撤身避过。（图2-42）

图2-42

3. 我方右脚稍向外摆；左脚上步，进至敌方右门；右拳变成金枪指，点击敌方上腹之巨阙穴；左拳变掌上扬，以防不测。（图2-43）

巨阙穴：字门旧称心臆穴。

图2-43

61

十七、击水分穴（转身标插）

【实战举例】

1. 敌方左脚前移，右脚弹踢我方腹部。我方撤步右闪，两腿屈蹲成马步；提起右掌，下劈敌方右小腿。（图2-44）

图2-44

2. 随即，我方左脚向左前上步，两腿仍成马步；左掌向左拨开敌方右腿。（图2-45）

图2-45

3. 我方右掌变成金枪指，点击敌方上腹之水分穴。（图2-46）

水分穴：字门旧称六宫穴。

图2-46

十八、击气海穴（浪子踢球）

【实战举例】

1. 敌方右脚上步，右拳崩击我方喉部。我方蹲步吞身，避过敌拳；上起右掌，向左拦推敌方右臂。（图2-47）

图2-47

2. 随之，我方上挑左掌，拨开敌方右臂；右脚乘机向前撩踢敌方裆部。（图2-48）

图2-48

3. 我方右脚下落，蹲步沉身；右掌变成金枪指，顺势点击敌方下腹之气海穴。（图2-49）

气海穴：字门旧称丹田穴。

图2-49

十九、击关元穴（双贯铜壶）

【实战举例】

1. 敌方垫步进身，左腿踢击我方腹部。我方向右偏身，跪步屈膝；上起左掌，向左劈击敌方左小腿（约丰隆穴位置）。（图2-50）

图2-50

2. 随之，我方左脚上步；左掌下压敌方小腿，迫其左腿下落，顺势变成勾手，用勾顶撩击敌方裆部。（图2-51）

图2-51

3. 我方身向上起，左脚前滑，进至敌方中门；左勾手原位上提，撩向敌方下颌；右掌握成锥子拳，点击敌方下腹之关元穴。（图2-52）

关元穴：字门旧称下丹田穴。

图2-52

二十、击腹结穴（披挂打手）

【实战举例】

1. 敌方右脚上步，右拳冲击我方胸部。我方摆步偏身，上体右旋；上起左掌，向右拦切敌方右臂。（图2-53）

第二章　字门地煞七十二穴点击法

图2-53

2. 随即，我方左臂顺势贴住敌方右臂，划弧拦压，拨向左下方。（图2-54）

图2-54

67

3. 敌方突然向前滑步，左掌扑击我方脸部。我方上提右掌，架住敌方左掌；左掌变成金枪指，点击敌方下腹右侧腹结穴。（图2-55）

腹结穴：字门旧称小肚穴。

图2-55

二十一、击神封穴（双龙出洞）

【实战举例】

1. 我方右脚上步，身向下潜；两拳齐发，勾击敌方裆部。敌方吞身收腹，避过我方攻击。（图2-56）

图2-56

2. 随即，我方身向上起，左脚前跨；两拳顺势上崩，击向敌方胸部。敌方左脚退步，仰身避过。（图2-57）

图2-57

3. 我方滑步进身，紧跟不放；两拳变成锥子拳，点击敌方胸部左右神封穴。（图2-58）

神封穴：字门旧称搭桥穴。

图2-58

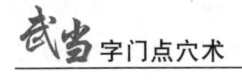

二十二、击中枢穴（绊腿劈掌）

【实战举例】

1. 敌方移步进身，右脚侧踹我方腹部。我方撤步吞身；扬起左掌，劈击敌方右小腿。（图2-59）

图2-59

2. 随即，我方右掌紧跟，再劈敌方右腿。敌方右腿受创，赶紧收回右侧。（图2-60）

图2-60

3. 我方见敌方欲逃，左脚急跨一步，进至敌方后门；左掌握成锥子拳，点击敌方脊柱之中枢穴。（图2-61）

中枢穴：字门旧称白原穴。

图2-61

二十三、击脊中穴（半边月）

【实战举例】

1. 敌方垫步进身，左脚蹬踢我方腹部。我方右脚退步，左脚右收，成左丁步；左勾手向左勾挂，拨开敌方来腿。（图2-62）

图2-62

2. 随即，我方向左旋身，右脚扣步，上起左脚向左摆踢敌方背部，致其身旋势歪，背对我方。（图2-63）

图2-63

3. 我方左脚下落，向前探身；右掌握成锥子拳，乘机点击敌方脊柱之脊中穴。（图2-64）

脊中穴：字门旧称腰眼穴。

图2-64

二十四、击肝俞穴（圈缠反搏）

【实战举例】

1. 敌方右脚上步，右拳崩击我方脸部。我方向左偏身避过；上提右掌，向右拦格敌方右臂。（图2-65）

图2-65

2. 随即，我方右掌顺势抓住敌方右腕，向右拧拉；上起左臂向右挟压敌方右上臂，致其俯身被擒。（图2-66）

图2-66

3. 我方左掌握成锥子拳，划弧发劲，盖击敌方脊柱右侧肝俞穴。（图2-67）

肝俞穴：字门旧称肝腧穴。

图2-67

二十五、击腰俞穴（抖手横杀）

【实战举例】

1. 敌方右脚上步，左拳崩击我方脸部。我方左脚撤步避过；上起左臂，向右拦格敌方左臂。（图2-68）

图2-68

2．随即，我方左臂顺势旋压，使敌方左臂下落；右脚前移，身向左转；右肘乘机向左拐击敌方颈部。（图2-69）

图2-69

3．我方两脚滑步，右脚进至敌方中门；上伸左掌，按住敌方后背，向左下压，迫其俯身跪地；右掌握成锥子拳，向前翻出，盖击敌方骶区之腰俞穴。（图2-70）

腰俞穴：字门旧称合道穴。

图2-70

二十六、击曲骨穴（面花贴锬）

【实战举例】

1. 敌方移步旋身，右腿蹬击我方头部。我方向左闪避，蹲步沉身。（图2-71）

图2-71

2. 我方借劲起身，右脚前移；上提左臂，向左拨开敌方右腿；右掌握成锥子拳，顺势前崩，点击敌方下腹之曲骨穴。（图2-72）

曲骨穴：字门旧称屈进穴。

图2-72

二十七、击长强穴（海底捞月）

【实战举例】

1. 敌方左脚进步，左拳冲击我方喉部。我方左脚左摆，仆步俯身；左掌顺势下伸，掌根发力，向左反砸敌方左膝，意欲击倒敌方。（图2-73）

2. 不料敌方步稳力强，我方右脚旋即上步；左掌变拳向左上穿，顺势以左肘兜起敌方左腿，致其身体右倾。（图2-74）

图2-73

图2-74

3. 我方右脚前滑；右掌握成锥子拳，点击敌方尾骨下端长强穴，伤其难逃。（图2-75）

长强穴：字门旧称美骨穴。

图2-75

二十八、击天溪穴（凤凰晒翅）

【实战举例】

1. 敌方滑步进身，左拳冲击我方胸部。我方向左旋身，避过敌拳；右臂内裹，向左拦封敌方左臂。（图2-76）

图2-76

2. 随即，我方右脚上步，进至敌方左门；右掌顺势划弧，向前下甩，掌背发力，击向敌方裆部。（图2-77）

图2-77

3. 我方左手变成金枪指，点击敌方胸部左侧天溪穴。（图2-78）

天溪穴：字门旧称还魂穴。

图2-78

二十九、击食窦穴（圆滚大手）

【实战举例】

1. 敌方垫步进身，左脚弹踢我方裆部。我方矮步吞身避过；两掌下劈敌方左腿。（图2-79）

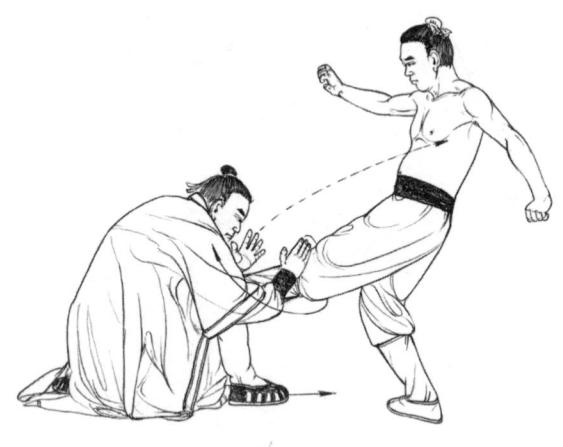

图2-79

2. 我方右手绕过敌方左膝，顺势兜起；右脚前移，身向上起；左掌变成金枪指，点击敌方胸部左侧食窦穴。（图2-80）

食窦穴：字门旧称燕尾穴。

图2-80

三十、击日月穴（仙鹤缩身）

【实战举例】

1. 敌方移步进身，右腿高蹬，踢向我方脸部。我方右脚后撤，左脚右收，丁步蹲身，轻松避过。（图2-81）

图2-81

2. 我方一缩即起，左脚前跨，左腿弓步；左掌上拨敌方右臂，开其上门，防其反击；右掌变成金枪指，点击敌方左侧乳头下方之日月穴。（图2-82）

日月穴：字门旧称三海穴。

图2-82

三十一、击京门穴（双插掌）

【实战举例】

1. 敌方移步进身，右腿蹬向我方脸部。我方并步蹲身；两腕相交成十字掌，向上架住敌方右小腿。（图2-83）

图2-83

2. 随之，我方左脚前跨一步，进至敌方裆下；两掌顺势一起前穿，戳击敌方上腹左右京门穴。（图2-84）

图2-84

3. 我方两掌同时变为金枪指，转腕急抖，食指寸劲，再点敌方上腹左右京门穴。（图2-85）

京门穴：字门旧称静盆穴。

图2-85

三十二、击合谷穴（金丝缠腕）

【实战举例】

1. 我方左脚进步，左掌推向敌方胸部。敌方急忙后退，右手抓住我方左腕，欲行擒拿。（图2-86）

图2-86

2. 我方急出右手，用拇指扣住敌方右手虎口之合谷穴，其余四指扣其拇指侧大鱼际。（图2-87）

图2-87

3. 我方身向下沉，重心右移；右手拇指紧扣敌方合谷穴，向右下拽；左掌旋腕抓住敌方右腕，向右下压，致其穴伤疼痛，腕扭失力，被我方反制。（图2-88）

合谷穴：字门旧称虎口穴。

图2-88

三十三、击劳宫穴（拉弓势）

【实战举例】

1. 敌方右脚上步，右掌推击我方胸部。我方后撤闪过；右手握成锥子拳，迎击敌方右掌心之劳宫穴。（图2-89）

图2-89

2. 我方两脚前滑，身向右转；左掌变成锥子拳，抖劲崩击，点伤敌方右手之劳宫穴。（图2-90）

劳宫穴：字门旧称掌心穴。

图2-90

三十四、击曲池穴（司家落巢）

【实战举例】

1. 敌方右脚上步，右拳冲击我方腹部。我方左脚向左闪步，偏身避过；上提右掌，向右下劈，击敌方右肘之曲池穴。（图2-91）

图2-91

2. 我方上体右转；又劈左掌，再伤敌方曲池穴。（图2-92）

曲池穴：字门旧称小臂秘。

图2-92

三十五、击大陵穴（拧手按拳）

【实战举例】

1. 敌方右脚上步，右拳冲击我方胸部。我方向左闪过；上起左掌，向右拦格敌方右肘。（图2-93）

图2-93

2. 随即，我方左掌后移，上提右掌，两手拇指一起锁扣敌方右腕之大陵穴，向左拧转。（图2-94）

图2-94

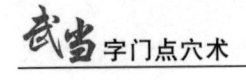

3. 接着，我方左脚左摆，马步蹲身；两手紧扣敌穴，抖劲下拽。（图2-95）

图2-95

4. 我方左脚稍向左前方上步，伸膝立身；两手紧扣敌穴，抖劲上举。既伤其要穴，又折其关节。（图2-96）

大陵穴：字门旧称脉门穴。

图2-96

三十六、击内关穴（摇连大手）

【实战举例】

1. 敌方右脚上步，右拳冲击我方喉部。我方向左稍闪；上起左掌，向右拦拍敌方右臂。（图2-97）

图2-97

2. 随即，我方左掌贴住敌方右臂后捋；右掌握成锥子拳，抖劲上崩，点击敌方右腕之内关穴。（图2-98）

图2-98

3. 我方左脚一上，右脚即退，两脚换步，沉身后坐；右拳变掌，与左掌一起屈指锁扣敌方右腕，顺势猛劲下拽，即可伤其腕部经穴。此时可在敌方右臂下落、上门洞开之际，乘虚而入（招法略）。（图2-99）

内关穴：字门旧称三元穴。

图2-99

三十七、击委中穴（贴夺点打）

【实战举例】

1. 敌方移步进身，右腿横扫我方头部。我方沉身下坐避过。（图2-100）

图2-100

2．随即，我方右脚前移，两腿成跪步；左掌握成锥子拳，点击敌方左膝弯之委中穴。（图2-101）

图2-101

3．右脚前滑，两拳变掌，一起前推，对准敌方裆部或大腿，致其前扑栽地。（图2-102）

委中穴：字门旧称海眼穴。

图2-102

三十八、击解溪穴（铁牛耕地）

【实战举例】

1. 敌方移步进身，右脚弹踢我方左膝。我方沉身后坐；左掌握成锥子拳，向前下盖，点击敌方右脚踝前之解溪穴。（图2-103）

图2-103

2. 我方身向左旋，两手按地；左脚外摆；右脚踹击敌方左脚腕，伤其关节，致其后倒。（图2-104）

解溪穴：字门旧称坐马穴。

图2-104

三十九、击血海穴（扁担手）

【实战举例】

1. 敌方移步进身，右脚弹踢我方裆部。我方向右偏身，仆步闪过；下伸左臂，向左勾挂（也可使用左手勾挂），拨开敌方右腿。（图2-105）

图2-105

2. 随即，我方左臂顺势向左绕转，屈肘兜起敌方右腿；身向左转，左脚外展，两腿弓步；右掌握成锥子拳，点击敌方右大腿内侧之血海穴。（图2-106）

图2-106

3. 我方右脚前跨，进至敌方裆下；左臂上掀敌方右腿；右拳变掌，猛推敌方胸口，致其后倒。（图2-107）

血海穴：字门旧称分胫穴。

图2-107

四十、击犊鼻穴（马蹄双定）

【实战举例】

1．敌方移步进身，突然两手按地，右脚向我方左脚低扫而来。我方左腿屈膝提起，避过敌方扫踢。（图2-108）

图2-108

2. 我方左脚落步，进至敌方右门（右腿外侧），身向下俯；右手握成锥子拳，向下点击敌方右膝前犊鼻穴。（图2-109）

犊鼻穴：字门旧称外膝眼穴或湾子穴。

图2-109

四十一、击足三里穴（落地捡柴）

【实战举例】

1. 敌方左脚上步，左拳崩击我方脸部。我方向左闪步，避过敌拳；上起右掌，向左劈击敌方左臂。（图2-110）

图2-110

2. 随即，我方身向右旋，右脚外摆；左脚向前踩击敌方左脚踝前解溪穴。（图2-111）

图2-111

3. 我方左脚顺势踏住敌方左脚，不让其逃；左掌握成锥子拳，点击敌方左小腿外侧之足三里穴。（图2-112）

足三里穴：字门旧称三里穴。

图2-112

四十二、击外踝尖穴（老道撞钟）

【实战举例】

1. 敌方右脚上步，右拳冲击我方胸部。我方向后撤步，沉身后坐；上起左掌，向左拦格敌方右臂。（图2-113）

图2-113

2. 随即，敌方踢出左脚，撩向我方裆部。我方两脚后滑避过；向前俯身，右掌握成锥子拳，向前下盖，点击敌方左脚之外踝尖穴。（图2-114）

外踝尖穴：字门旧称螺丝穴。

图2-114

四十三、击冲阳穴（卷地风）

【实战举例】

1. 敌方移步进身，右脚弹踢我方下腹。我方右脚撤步，避过来踢；下伸左掌，向左拦挡敌方右腿。（图2-115）

图2-115

2. 我方身向左转，左脚外展；右脚脚跟发力，搓击敌方左脚背之冲阳穴。（图2-116）

冲阳穴：字门旧称鞋带穴。

图2-116

四十四、击昆仑穴（狮子开口）

【实战举例】

1. 敌方垫步进身，左脚蹬踢我方腹部。我方右脚摆步，向右闪过；左掌向右拦托敌方左小腿，准备上抄反击。（图2-117）

图2-117

2．我方左掌顺势向右上方穿过，左肘兜住敌方左脚踝；右掌握成锥子拳，点击敌方左脚踝之昆仑穴。（图2-118）

昆仑穴：字门旧称昆仑关穴。

图2-118

四十五、击申脉穴（童子拜佛）

【实战举例】

1. 敌方垫步进身，左脚侧踹我方头部。我方撤步退身，避过锋芒；上起左掌，向左拦托敌方左小腿。（图2-119）

图2-119

2. 我方左手顺势贴住敌方左小腿绕转，左臂屈肘向下搂住，不让其逃。（图2-120）

图2-120

3. 我方右掌握成锥子拳，点击敌方左脚踝之申脉穴。（图2-121）

申脉穴：字门旧称琵琶穴。

图2-121

第三章

字门八法归总三十六式点穴手

字门以八字为根,即"残、推、援、夺、牵、捺、逼、吸",以八字为母,可衍生招法万千。初练时先练一字,一字练熟再练一字,久练自化,熟极自神,八法归总,可应大敌。《字门正宗·出手珍诀》:"八字之理,务宜审明,得之功多艺巧。八字循环,一字不通,便有掣肘之处矣。"

何谓"八法归总"？顾名思义，即把字门八法之单字招式混合，连环应用，联合应用，使其变化增多，进攻多样，故又称"字门八字混元法"。

本章专讲字门八法归总点穴手，共选其精招三十六手，以使读者进一步学习与掌握字门点穴招式的变化多端。

一、击喉结（白蛇吐芯）

【实战举例】

1. 敌方右脚上步，右拳冲击我方心窝。我方偏身蹲步，向左闪过；上起两掌，右掌拦截敌方右腕，左掌拦截敌方右肘。（图3-1）

图3-1

2. 我方身向左转，右脚扣步，两脚前滑，左脚进至敌方中门；左掌贴住敌方右肘，向右旋劲按压，致其右臂下落，上门空虚；右掌变成剑指，乘机突击，点插敌方喉结穴。（图3-2）

喉结穴：传统字门攻击要穴之一，位于廉泉穴下、天突穴上之凸起处。针灸穴位中没有这个穴名。

图3-2

二、击长强（顺水推舟）

【实战举例】

1. 敌方左脚上步，左拳冲击我方胸部。我方撤步吞身，避过敌拳；上起左掌，向左格挡敌方左肘。（图3-3）

图3-3

2. 我方左脚上步，右脚绕步，进至敌方左后方；右掌握成锥子拳，向左转身发劲，点击敌方颈后之大椎穴。（图3-4）

图3-4

3. 我方右脚顺势提起，脚跟发力，蹬击敌方臀尾之长强穴。（图3-5）

长强穴：字门旧称尾闾穴。

图3-5

三、击脑户（顺手牵羊）

【实战举例】

1. 敌方右脚上步，左拳冲击我方胸部。我方向左稍闪；上起左掌，向左拦格敌方左臂。（图3-6）

图3-6

2. 随即，我方左掌顺势后滑，抓住敌方左腕向左牵带；上穿右掌抓扣敌方左臂，右肘顺势夹住敌方左臂；提起右脚，向右扫挂敌方右脚。敌方躲过，我方未能将其摔倒。（图3-7）

图3-7

3. 我方左脚向左摆步，上体左旋；两手继续合力向左猛拽敌方左臂，致其步乱身栽；右掌乘机腾出，掌根发力，劈击敌方头后之脑户穴。（图3-8）

图3-8

四、击巨阙（推山入海）

【实战举例】

1. 敌方右脚上步，右拳冲击我方脸部。我方向右稍闪，避其锋芒；左臂屈肘架起，拨开敌方右臂。（图3-9）

图3-9

第三章　字门八法归总三十六式点穴手

2. 我方左脚上步，进至敌方右门；身向前俯，下伸左手抄抱敌方右大腿。（图3-10）

图3-10

3. 我方左手抱住敌方右腿向上抬起；右手握成锥子拳，短促突击，伤其上腹之巨阙穴。（图3-11）

图3-11

五、击太阳（单凤朝阳）

【实战举例】

1. 敌方右脚上步，左拳冲击我方腹部。我方向左闪过，身向右转；右掌按压敌方左拳，左掌拦推敌方左肘，合力化解来劲。（图3-12）

图3-12

2. 我方右掌顺势抓住敌方右腕，不让其逃；左腿及时上步，外拦敌方右腿；左掌乘机向上切出，重创敌方头部左侧太阳穴。（图3-13）

图3-13

六、击极泉（叶底藏花）

【实战举例】

1. 敌方左脚进步，右拳冲击我方喉部。我方向左闪开，蹲步沉身；前挑右掌，向右拦格敌方右腕。（图3-14）

图3-14

2．我方右手顺势抓住敌方右腕，向右牵带；上体右旋，左掌向右推击敌方右肩，意欲擒拿。敌方右肩用力外顶，与我方相抗。（图3-15）

图3-15

3. 我方见敌方顽抗，右脚顺势前滑；左掌乘机下转，前插敌方右腋，戳击敌方极泉穴。（图3-16）

图3-16

七、击扶突（李逵砍柴）

【实战举例】

1. 敌方右脚上步，左拳冲击我方胸部。我方向左闪步，上体右转；上起左掌，向右切击敌方左臂。（图3-17）

图3-17

2.我方再起右手，抓住敌方右腕，向右牵带；左掌顺势向前切击敌方左颈，伤其扶突穴。（图3-18）

图3-18

八、击印堂（迎面铁扇）

【实战举例】

1.敌方右脚上步，右拳崩击我方胸部。我方沉身后坐，避过敌拳；上起左掌，向左格挡敌方右臂。（图3-19）

图3-19

2. 我方左脚上步，进至敌方右门；左掌顺势推击敌方脸部，致其后仰。（图3-20）

图3-20

3. 我方左掌原位旋腕转指，向前用大拇指扣击敌方眉心之印堂穴。（图3-21）

印堂穴：字门旧称眉心穴。

图3-21

九、击膻中（老君拂袖）

【实战举例】

1. 敌方右脚上步，右手向我方裆部撩抓而来。我方吞身收腹避过；下伸两手，合力抓扣敌方右手。（图3-22）

图3-22

2. 我方左脚上步，进至敌方中门；两手握住敌方右手向下抖劲一拽，随即松开；右掌乘机上撩敌方咽喉。（图3-23）

图3-23

3. 我方两脚前滑，紧随不放；右掌握成锥子拳，顺势向下盖击敌方两乳中间之膻中穴。（图3-24）

图3-24

十、击委中（力士摔牛）

【实战举例】

1. 敌方右脚上步，右拳冲击我方胸部。我方向右闪过，俯身前探；下伸左手，捞抱敌方右大腿；下伸右手，锁扣敌方左膝，拇指扣住膝眼，中指扣住委中穴。（图3-25）

图3-25

2. 我方左肩贴住敌方腹部，用力前拱；两手向后上拉，将其摔倒在地。（图3-26）

图3-26

十一、击章门（搅纱直逼）

【实战举例】

1. 敌方左脚进步，左拳冲击我方胸部。我方撤步右闪；上起左掌，向左格挡敌方左臂。（图3-27）

图3-27

2. 随即，我方左掌顺势抓住敌方左腕，向左上牵带；右脚上步，左脚后撤半步成左丁步；右掌向左推挤敌方左膀，致其肋部空虚。（图3-28）

图3-28

3. 我方左脚落实；右脚上步，进至敌方左门；右肘向左前捣敌方左肋，伤其章门穴。（图3-29）

图3-29

十二、击大迎（反打天门）

【实战举例】

1. 敌方右脚上步，右拳冲击我方胸部。我方右脚撤步，向左闪过；上起左掌，向右拦推敌方右臂。（图3-30）

图3-30

2. 随即，我方再起右手，抓住敌方右腕，向右下拽；左脚前滑，进至敌方中门；左掌顺势前滑，向右按压其上臂，意欲擒拿。敌方用力相抗。（图3-31）

图3-31

3. 我方左前臂借劲压落敌方右臂，使其上门洞开；右手松开敌方右腕，握成锥子拳，向前点击敌方下颌右侧大迎穴。（图3-32）

大迎穴：字门旧称牙腮穴。

图3-32

十三、击曲骨（倒踢铜炉）

【实战举例】

1. 敌方右脚上步，右拳冲击我方胸部。我方向左闪身避过；上起两掌，拦格敌方前臂。（图3-33）

图3-33

第三章　字门八法归总三十六式点穴手

2．随即，我方右掌抓住敌方右腕，向右下拽；左肘贴住敌方右肘内侧，向右下压；右脚向左垫步，身向右旋；左脚后撩，脚跟发力，踢敌方下腹之曲骨穴。（图3-34）

图3-34

3．我方两手松开敌方右臂，向左转体；左脚一转即蹬，短促突击，再以脚跟蹬击敌方下腹之中极穴。（图3-35）

图3-35

121

十四、击肩髃（摆肘逼门）

【实战举例】

1. 敌方左脚进步，左拳崩击我方腹部。我方撤步避过；上起左掌，向左拦格敌方左肘。（图3-36）

图3-36

2. 随即，我方左掌顺势抓住敌方左腕，向左牵带；右脚上步，进至敌方左门，绊住敌方左腿；上提右肘，肘尖下砸敌方左肩，伤其肩髃穴。（图3-37）

图3-37

3. 我方左手松开敌方左腕；前伸右掌，向右拦扫敌方咽喉，致其倒地后翻。（图3-38）

图3-38

十五、击极泉（野马分鬃）

【实战举例】

1. 敌方右脚上步，右拳冲击我方喉部。我方向左闪过，沉身下坐；上起右掌，向右拦格敌方右臂。（图3-39）

图3-39

123

2．随即，我方右掌顺势抓住敌方右腕，向右下牵；右脚稍进，身向右转，左脚右扣；左掌向前上穿，戳击敌方右腋，伤其极泉穴。（图3-40）

图3-40

图3-41

3．我方左脚上步，进至敌方右门；左掌上翻，向左用力拦压敌方脸部；右手紧拽敌方右腕，左肩顺势上扛敌方右肘，伤其关节，致其后倒。（图3-41）

十六、击鸠尾（虹上架桥）

【实战举例】

1. 敌方右脚上步，右拳冲击我方胸部。我方向右闪过；上穿左手，以左前臂向左拦格敌方右臂。（图3-42）

图3-42

2. 我方左掌顺势抓住敌方右腕，向左上拽；右脚上步，进至敌方右门；左脚跟进半步，沉身坐马，身向左转；右掌握成锥子拳，点击敌方心窝正下之鸠尾穴。（图3-43）

图3-43

十七、击神庭（拳打卧牛）

【实战举例】

1. 敌方右脚上步，右拳冲击我方脸部。我方撤步闪过；上摆右掌，向右拦格敌方右臂。（图3-44）

图3-44

2. 随即，我方右掌顺势抓住敌方右腕，向右下拽；前伸左掌，按压敌方右肘或上臂，致其俯身前倾。（图3-45）

图3-45

3. 我方左脚上步，进至敌方右门；左掌继续用力，向右下捋敌方右臂；右手松开敌腕，握成锥子拳，点击敌方额上之神庭穴。（图3-46）

图3-46

十八、击会阴（抱虎归山）

【实战举例】

1. 敌方右脚上步，右拳崩击我方胸部。我方向左闪过；上提右掌，向右拦截敌方右腕。（图3-47）

图3-47

2. 随即，我方右掌顺势抓住敌方右腕，向右上提；左脚向里绕步，进至敌方中门；前伸左掌，掌背发力，甩击敌方裆部。（图3-48）

图3-48

3. 随即，我方左脚右摆；右脚插步，进至敌方右门；左手绕过敌方右腿，从其身后掏抓敌方裆部。（图3-49）

图3-49

4. 我方向右旋身，右手紧抓敌方右腕，向右下拧；左手向后上提敌方下阴。左手顺势后滑，用指尖抠击其裆下之会阴穴，致其疼痛失力。（图3-50）

图3-50

十九、击耳门（披袍献甲）

【实战举例】

1. 敌方左脚进步，左拳冲击我方脸部。我方向左稍闪；右臂屈肘，向右拦架敌方左臂。（图3-51）

图3-51

2. 我方左脚跨步，进至敌方中门；拗步发力，右肘顺势向左横击，伤敌左耳前侧之耳门穴。（图3-52）

图3-52

二十、击中庭（十字分心）

【实战举例】

1. 敌方右脚上步，右拳冲击我方喉部。我方撤步沉身；上起右掌，向左切击敌方右臂。（图3-53）

图3-53

2. 我方再起左臂，向左架起敌方右臂；右脚跨上一步，进至敌方中门；右掌握成锥子拳，顺势点击敌方胸部之中庭穴。（图3-54）

图3-54

二十一、击軖筋（贴肉生根）

【实战举例】

1. 敌方右脚上步，右拳横扫我方头部。我方右脚向右闪步；左臂屈肘上提，向左拦格敌方右臂。（图3-55）

图3-55

2. 敌方又冲左拳，击向我方脸部。我方向左闪身；右臂屈肘上提，格挡敌方左臂。（图3-56）

图3-56

3. 我方右脚上步，进至敌方中门；右肘顺势前顶，点击敌方左乳外侧之辄筋穴。（图3-57）

图3-57

二十二、击人迎（敬德挥鞭）

【实战举例】

1. 敌方右脚上步，左拳冲击我方喉部。我方向左稍闪；上挑右掌，向右拦格敌方左腕。（图3-58）

图3-58

2. 我方上提左掌，向右按压敌方左肘，致使敌方手臂垂落；右脚上步，进至敌方右门；右掌顺势进攻，斜砍敌方左颈。（图3-59）

图3-59

3. 我方见敌方退步躲避，右掌赶紧左转，锁扣敌方咽喉（拇指在左，扣其右人迎穴；食指、中指在右，扣其左人迎穴），令其难逃。（图3-60）

图3-60

二十三、击颊车（两耳挂红）

【实战举例】

1. 敌方左脚进步，右拳冲击我方腹部。我方向右旋身避过；伸直左臂，向左下拦，阻截敌方手臂。（图3-61）

图3-61

2. 随即，我方向左旋身，左脚摆步，右脚上步；右掌向前斜砍敌方左颈。敌方两脚退步；上起左臂，向外格挡。（图3-62）

图3-62

3. 我方右掌贴住敌方左前臂划劲下扒；两脚上步，右脚进至敌方左门；左掌顺势出击，掌根发力斜砍，伤敌方面颊右侧之颊车穴。（图3-63）

图3-63

二十四、击期门(霸王摆肘)

【实战举例】

1. 敌方右脚上步,右拳冲击我方脸部。我方向右稍闪;上穿左掌,用左前臂向左格挡敌方右臂,阻截敌方拳击。(图3-64)

图3-64

2. 随即,我方右脚垫步;左脚进至敌方右门,两腿蹲成马步;左臂屈肘,向前顶击敌方右肋之期门穴。(图3-65)

图3-65

3. 我方身向左转，两腿成弓步；左拳变掌，向左上拨敌方右臂；右肘划弧向前横扫，击敌方左肋之期门穴。（图3-66）

图3-66

二十五、击水突（百步穿杨）

【实战举例】

1. 敌方右脚上步，右拳冲击我方胸部。我方沉身坐马，避过敌拳；上起左掌，向左格挡敌方右臂。（图3-67）

图3-67

2. 随即，我方起身，向左前探；左掌里旋，使掌心向下，顺势向前插击敌方颈部右侧之水突穴。（图3-68）

图3-68

3. 我方滑步进身；右掌外旋，紧跟前穿，戳击敌方颈部左侧之水突穴。（图3-69）

图3-69

二十六、击膺窗（白马坐坡）

【实战举例】

1. 敌方右脚上步，右拳冲击我方胸部。我方向后撤身，右腿虚步（脚尖翘起）；上挑右臂，向右拦格敌方右臂。（图3-70）

图3-70

2. 随即，我方右掌顺势抓住敌方右腕，向右下拉；右脚外展落实，左脚进至敌方右门；身向右转，上提左臂向右绕过敌方右臂，左腋夹住敌方右肘下压，致其失势俯身。（图3-71）

图3-71

3. 我方身向左旋，屈膝坐马；左臂顺势屈肘，向左砸击敌方右胸之膺窗穴；右手紧抓敌方手腕不放，令其难逃。（图3-72）

膺窗穴：字门旧称将台穴。

图3-72

二十七、击廉泉（白鹤亮翅）

【实战举例】

1. 敌方上步进身，左脚横扫我方右腰。我方向左稍闪，避过锋芒；下伸右掌，向右拦挡敌方左小腿。（图3-73）

图3-73

第三章 字门八法归总三十六式点穴手

2. 随即，我方右掌顺势勾腕，反手勾住敌方左脚后跟，向右后捋；上体前探，左掌前穿，戳向敌方喉部之廉泉穴。（图3-74）

图3-74

3. 我方左掌原位转腕，按住敌方胸部，向左猛劲抖震；右手兜住敌方左腿，向左上扬，旋劲抛出，将其摔翻在地。（图3-75）

图3-75

141

二十八、击华盖（白虹贯日）

【实战举例】

1. 敌方左脚进步，左拳冲击我方胸部。我方左脚向左闪步；身向右旋，上起右掌，向右拦切敌方左臂。（图3-76）

图3-76

2. 随即，我方手脚齐出，右脚向右扫挂敌方左小腿；左掌向前插击敌方前胸之华盖穴，致其受伤歪倒。（图3-77）

图3-77

二十九、击上脘（武松打虎）

【实战举例】

1. 敌方右脚上步，右拳崩击我方脸部。我方左脚向左闪跨一步，向左偏身，避过敌方突击。（图3-78）

图3-78

2. 随即，我方右脚上步，左脚绕步，进至敌方右后方；上伸右臂，劈压敌方右臂，致其难动；上伸左掌，搂抓敌方头部，不让其逃。（图3-79）

图3-79

3. 我方右掌乘机握成锥子拳，向左上点，伤其上腹之上脘穴。（图3-80）

图3-80

三十、击云门（马上用拐）

【实战举例】

1. 敌方右脚上步，右拳冲击我方脸部。我方向后退身，避过突击；上起左掌，向左拦格敌方右臂。（图3-81）

图3-81

2．我方左掌顺势抓住敌方右腕，向左上拉；左脚前滑，右脚跨进敌方中门，马步蹲身；右臂屈肘，向前横击，伤敌方右胸之云门穴。（图3-82）

图3-82

三十一、击胸乡（巧弹琵琶）

【实战举例】

1．敌方右脚上步，右拳冲击我方脸部。我方左脚撤步；上挑右臂，向右格挡敌方右臂。（图3-83）

图3-83

145

2. 随即，我方右掌顺势抓住敌方右腕，向右后牵；左掌前穿，撩向敌方喉部。（图3-84）

图3-84

3. 我方右脚外展，左脚向右勾挂敌方右脚后跟；左掌翻腕左伸，用左前臂拦压敌方喉部，以拇指扣按其左胸外侧之胸乡穴，致其向后歪倒。（图3-85）

图3-85

三十二、击天柱（海底掀波）

【实战举例】

1. 敌方右脚上步，左脚向我方右侧横扫而来。我方向左稍闪，上体右转；下伸右手，向右勾拦敌方左小腿。（图3-86）

图3-86

2. 随即，我方右脚前滑，左脚跟上抬，身体上起；右手顺势勾住敌方左小腿向上绕转，用右肘夹住向上兜起。（图3-87）

图3-87

3. 我方左手从敌方头部左侧前伸，扣住敌方后脑（拇指扣其颈后之天柱穴），向左用力下按；提起左膝，顶向敌方裆部，上下合击，令其防不胜防。（图3-88）

图3-88

三十三、击听宫（双峰贯耳）

【实战举例】

1. 敌方右脚上步，向右倾身，双拳齐出，右拳掏击我方腹部，左拳砸向我方脸部。我方退身虚步，上体后仰，赶紧避过。（图3-89）

图3-89

2. 随即，我方趁敌方势尽，右脚垫步，上体前倾；前伸两手，抱住敌方头部，用力下按；提起左膝，撞向敌方脸部或胸部。敌方两拳变掌，下按我方左膝，使我方攻击受阻。（图3-90）

图3-90

3．我方左脚顺势下落，右脚进至敌方右门；两掌握成锥子拳，外转里合，顺势夹击，伤其两耳听宫穴。（图3-91）

图3-91

三十四、击鸠尾（老汉开门）

【实战举例】

1．敌方右脚上步，两拳向我方头部夹击而来。我方向后撤步，闪过来拳；上挑两掌，向外拦截敌方两臂。（图3-92）

图3-92

第三章　字门八法归总三十六式点穴手

2.随即,我方左脚前跨,进至敌方右门;两掌顺势猛劲前推,撞向敌方胸部,伤其左右乳中穴。(图3-93)

图3-93

3.我方乘敌方仰身之际,右臂屈肘前拐,击向敌方心窝正下之鸠尾穴。(图3-94)

图3-94

151

三十五、击华盖（仙人撒网）

【实战举例】

1. 敌方右脚上步，右拳冲击我方胸部。我方向左闪过；上提两掌，拦截敌方，右掌拦其右拳，左掌拦其右肘；左脚乘机前伸，勾绊敌方右脚后跟。（图3-95）

图3-95

2. 随即，我方两掌向下用力按压，扒开敌方右臂，顺势左推（左掌在上，反推其胸部；右掌在下，横推其腹部），致其步乱身歪。（图3-96）

图3-96

3．我方身向左转，两脚摆扣；两掌握成锥子拳，短促突击，左拳在上，点其前胸之华盖穴；右拳在下，点其上腹之巨阙穴。（图3-97）

图3-97

三十六、击水沟（浪子擒敌）

【实战举例】

1．敌方右脚上步，右拳冲击我方胸部。我方向左稍闪，避过敌拳；上起右掌，向右甩击敌方右肘。（图3-98）

图3-98

2. 随即，我方右掌顺势抓住敌方右腕，向右牵带；右脚垫步，左脚跨入敌方中门；左掌变成金枪指，点击敌方鼻下之水沟穴。（图3-99）

图3-99

3. 我方左掌回收；左肘立起，旋劲向右撞击敌方右上臂或右肘关节。（图3-100）

图3-100

4. 我方身向右旋；右手拽住敌方右腕，向右抖劲下甩；左臂贴住敌方右肘，向右猛劲下压，致其栽地前趴。（图3-101）

图3-101

第四章

字门古传二十四式点穴手

二十四式点穴手,乃字门点穴手经典,此也为"八字点穴",不脱离八字范畴。据传,当年字门余克让宗师综合其点穴绝技,精简为二十四手,另辟蹊径,视为秘传,传于入室弟子。今编者参考古谱抄本,整理出来,献于同道共享。

二十四式点穴手为字门精华,其招法精湛、古朴实用,运用精妙可克劲敌。实战之时,反应要灵敏,攻防要准确;出手要快捷,发劲要迅猛;见机即急进,见穴即点击。

有歌曰：

青龙盘顶伤前顶，点击山根桥架梁。
金秋落井伤天突，点击太阳凤朝阳。
气血门关两乳根，白蛇进洞极泉伤。
虎下西川伤腹结，章门五里命不长。
猿猴闹洞伤人迎，曲骨滴漏元气黄。
黄鹅金身伤哑门，天柱凤凰点头忙。
雀入凤眼伤魄户，拦截腰眼损肾脏。
中心大秘伤中庭，点击水分双龙强。
点击京门金钩挂，膈关夺印很难防。
金龙分角伤肾俞，点击膺窗虎踞堂。
金钱下海鸠尾断，会阴偷桃紧锁裆。
双龙司子命门火，三龙盘根腰间凉。

一、击前顶（青龙盘顶）

【实战举例】

1. 敌方右脚上步，右拳冲击我方胸部。我方撤步退身，蹲步坐马；上提左掌，向下拍击敌方右拳或腕部。（图4-1）

图4-1

2. 我方两脚前滑，左腿前弓；前伸右掌，向前拍按敌方头部，以中指尖扣压其前顶穴。（图4-2）

图4-2

二、击山根（金桥架梁）

【实战举例】

1. 敌方右脚上步，右拳冲击我方脸部。我方向左闪步；左臂屈肘，上架敌方右臂。（图4-3）

图4-3

159

2. 我方两脚前滑，左腿前弓；右掌握成锥子拳，向前上崩，点击敌方鼻梁上侧，伤其山根穴。（图4-4）

图4-4

三、击太阳（丹凤朝阳）

【实战举例】

1. 敌方左脚进步，左拳崩击我方脸部。我方沉身坐马；上挑左掌，向左拦格敌方左臂。（图4-5）

图4-5

2．左脚稍向前移，左腿弓步；右掌变金枪指，点击敌方左额侧之太阳穴。（图4-6）

图4-6

四、击天突（金秋落井）

【实战举例】

1．敌方右脚上步，右拳崩击我方腹部。我方向左闪过，吞身坐马；下伸右掌，向右拦格敌方右拳或手腕。（图4-7）

图4-7

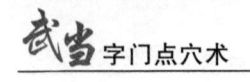

2. 随即，我方左脚前移，左腿弓步；左掌推击敌方脸部或下颌，迫其头向后仰。（图4-8）

图4-8

3. 我方左掌顺势向下拍压，致其右臂下落；右掌握成金枪指，向前上点敌方喉部，伤其天突穴。（图4-9）

图4-9

五、击极泉（白蛇进洞）

【实战举例】

1. 敌方右脚上步，右拳冲击我方脸部。我方向后闪过；左臂屈肘，上架敌方右臂。（图4-10）

图4-10

2．我方左脚前移，左腿前弓；左臂向前上扬，撑起敌方右臂；右掌向前上穿（掌心向上），戳击敌方右腋之极泉穴。（图4-11）

图4-11

六、击乳根（气血门关）

【实战举例】

1. 敌方右脚上步，右拳冲击我方脸部。我方稍向右闪；左臂屈肘，上架敌方右臂。（图4-12）

图4-12

2. 我方右脚前移，右腿前弓；左臂顺势外撑，拨开敌方右臂；右掌变金枪指，放长击远，点向敌方左胸侧之乳根穴。（图4-13）

图4-13

七、击章门（五里还阳）

【实战举例】

1. 敌方右脚上步，左拳崩击我方脸部。我方迅速撤步沉身，蹲步坐马；上挑左掌，向左拦格敌方左肘。（图4-14）

图4-14

2. 敌方右脚又进；左臂屈肘，捣向我方面门。我方疾收左脚，丁步蹲身，赶紧避过；右掌握成锥子拳，向前点击敌方左肋，伤其章门穴。（图4-15）

图4-15

八、击腹结（虎下西川）

【实战举例】

1. 敌方右脚上步，右拳冲击我方嘴部。我方左脚向左闪步，偏身避过。（图4-16）

图4-16

2. 我方迅速起身，左脚向右摆步，右腿跟步；左掌向右推挤敌方右臂；右掌乘机前插（掌心向下），点击敌方右腹角，伤其腹结穴。（图4-17）

图4-17

九、击人迎（猿猴闹洞）

【实战举例】

1. 敌方右脚上步，右拳砸击我方脸部。我方向左闪步；上挑右掌，向右拦格敌方右腕。（图4-18）

图4-18

2. 我方两脚滑步，左脚进至敌方右门；左掌按住敌方右肘，向下按压；右掌握成剑指，向前下点击敌方喉部右侧，伤其人迎穴。（图4-19）

图4-19

十、击曲骨（铜壶滴漏）

【实战举例】

1. 敌方右脚上步，右拳冲击我方喉部。我方右脚撤步，沉身坐马；上挑左掌，向左拦格敌方右臂。（图4-20）

图4-20

2．我方两脚前滑，左腿前弓；左掌顺势前推敌方右肩或前胸，致其上身后仰，下门洞开。（图4-21）

图4-21

3．我方右脚紧跟，丁步蹲身；右掌速变锥子拳，点击敌方下腹，伤其曲骨穴。（图4-22）

图4-22

十一、击哑门（黄鹅金身）

【实战举例】

1．敌方左脚进步，左拳冲击我方喉部。我方上体左旋，左脚右绕；外挑左掌，向左拨开敌方左臂。（图4-23）

图4-23

2. 我方左掌顺势外旋，用力按压敌方左臂；右脚绕步，进至敌方左后方；右掌向左拦推敌方臀尾，致其身歪步乱。（图4-24）

图4-24

3. 我方左脚乘机进至敌方裆下；右脚绕步，贴近敌方；右掌速变锥子拳，点击敌方颈后，伤其哑门穴。（图4-25）

图4-25

十二、击天柱（凤凰点头）

【实战举例】

1. 敌方右脚上步，右拳崩击我方脸部。我方撤步吞身；上挑右掌，向右拦格敌方右臂。（图4-26）

图4-26

2. 我方右脚前移，身向右转；右掌外旋，捋压敌方右臂；左掌前伸，按住敌方头顶。（图4-27）

图4-27

3. 我方左掌猛劲扒压（也可用力下拽其头发），使其俯身低头；右掌速变剑指上提，向下点插敌方脑后之天柱穴，致其昏晕前栽。（图4-28）

图4-28

十三、击魄户（雀入凤眼）

【实战举例】

1. 敌方左脚进步，左拳冲击我方胸部。我方向后撤步，蹲身坐马；上起左掌，向左格挡敌方左臂。（图4-29）

图4-29

2．我方左掌旋腕抓扣敌方左腕；右脚上步，进至敌方左门；右臂屈肘竖起，向左撞击敌方左上臂。（图4-30）

图4-30

3．随即，我方向左转身，两脚摆扣；右手顺势抓住敌方左肘，左手紧抓敌方左腕，两手一起向左牵带，致其前倾。（图4-31）

图4-31

4. 我方右掌速变锥子拳，点击敌方后背右侧魄户穴，将其击倒。（图4-32）

图4-32

十四、击腰眼（拦腰截气）

【实战举例】

1. 敌方左脚进步，左拳向我方头部袭来。我方右脚迅速向右闪步，沉身避过。（图4-33）

图4-33

2．我方反击，两脚连环绕步，进至敌方右后方；向左旋体，沉身下坐；两掌相并，向前戳击敌方右腰侧，伤其腰眼穴。（图4-34）

图4-34

十五、击水分（双龙盘珍）

【实战举例】

1．敌方右脚上步，右拳横扫我方头部。我方见敌方势猛，赶紧向右偏身，蹲身急躲；左脚丁步，蓄势待发；左臂屈肘，上起暗护。（图4-35）

图4-35

2. 随即，我方向左潜身，左脚落实，右脚摆步；左手下伸，勾住敌方右小腿向左挂起，致其上身后仰，被动失势。（图4-36）

图4-36

3. 我方右脚乘机上步；右掌速变剑指，向前点击敌方上腹，伤其水分穴。（图4-37）

图4-37

十六、击中庭（中心大秘）

【实战举例】

1. 敌方左脚前移，右腿横扫我方左肋。我方向右稍闪；下伸左掌，用左前臂向左格挡敌方右小腿。（图4-38）

图4-38

2. 我方左掌向左上穿，左臂屈肘顺势兜起敌方右小腿；右脚上步，进至敌方裆下；右掌速变锥子拳，乘机点击敌方胸前，伤其中庭穴。（图4-39）

图4-39

十七、击京门（金钩挂月）

【实战举例】

1. 敌方左脚前移，右脚勾踢我方左小腿。我方左腿提膝避过。（图4-40）

图4-40

2. 我方趁敌方右脚下落，左脚紧跟前踏，乘机进其右门；右掌速变剑指，向前点击，伤其右肋侧之京门穴。（图4-41）

第四章 字门古传二十四式点穴手

图4-41

十八、击膈关（仙人夺印）

【实战举例】

1. 敌方左脚进步，左拳冲击我方嘴部。我方撤步偏身，闪过来拳；上挑左掌，向左格挡敌方左臂。（图4-42）

图4-42

179

2. 随即，我方左掌旋腕抓住敌方左腕，向左猛劲拉拽，致其身向前扑，步向前冲；左脚乘机插步，右脚摆步，进至敌方左后方。（图4-43）

图4-43

3. 我方身向左转，左手后甩；右掌速变剑指，点击敌方后背左侧膈关穴。（图4-44）

图4-44

十九、击肾俞（金龙分角）

【实战举例】

1. 敌方垫步进身，左腿踹击我方胸部。我方右脚向右闪步，偏身避过。（图4-45）

图4-45

2. 我方两脚向右绕步，进至敌方身后；右掌握成锥子拳，点击敌方腰后，伤其肾俞穴。（图4-46）

图4-46

二十、击会阴（月里偷桃）

【实战举例】

1. 敌方右脚上步，右拳冲击我方胸部。我方向右稍闪，沉身坐马；上起左掌，向左拦格敌方右臂。（图4-47）

图4-47

2. 随即，我方左掌顺势前推，拨开敌方右臂；左脚上步，进至敌方右门；右掌前甩，手背发力，击向敌方裆部。（图4-48）

图4-48

3．我方右掌跟踪追击，转腕变爪抓拿敌方下阴（中指前探，勾挂其会阴穴），令其难逃。（图4-49）

图4-49

二十一、击命门（双龙司子）

【实战举例】

1．敌方右脚上步，右拳崩击我方脸部。我方向右稍闪，避过敌拳；上提左手，顺势抓住敌方右腕；前伸右手，勾托敌方右肘。（图4-50）

图4-50

2. 随即，我方左手用力前推敌方右腕；右掌抓住敌方右肘，猛劲向右拉扳，两手合力，致其前扑。（图4-51）

图4-51

3. 我方左脚上步，右脚摆步，进至敌方身后；向左转身，左掌发力，推震敌方后背，致其前栽。（图4-52）

图4-52

4. 我方右脚上步,重心左移;右掌握成锥子拳,横裆发力,点击敌方命门穴,将其击倒。(图4-53)

图4-53

二十二、击鸠尾(金钱下海)

【实战举例】

1. 敌方左脚前移,右腿蹬踢我方腹部。我方向右闪过,沉身坐马;下伸左掌,向左拦格敌方右脚。(图4-54)

图4-54

2. 敌方向前落步，又出左拳冲向我方脸部。我方两脚后滑；上扬左掌，向左格挡敌方左臂。（图4-55）

图4-55

3. 我方左掌顺势拨开敌方左臂；左脚前移，左腿弓步；右掌握成锥子拳，猛劲前点敌方上腹，伤其鸠尾穴。（图4-56）

图4-56

二十三、击膺窗（饿虎踞堂）

【实战举例】

1. 敌方右脚上步，左拳下冲我方腹部。我方向左稍闪，蹲步坐马；下伸右臂，向右格挡敌方左腕。（图4-57）

图4-57

2. 敌方又出右拳，冲向我方脸部。我方左腿弓步；上提左掌，用力向左拦截敌方右臂。（图4-58）

图4-58

3. 我方右脚垫步，左脚跨进敌方右门；右掌握成锥子拳，点击敌方右胸，伤其膺窗穴。（图4-59）

图4-59

二十四、击腰阳关（三龙盘根）

【实战举例】

1. 敌方左脚进步，左拳冲击我方喉部。我方右脚向右闪步，偏身避过；上扬左掌，向左拦切敌方左肘。（图4-60）

图4-60

2. 我方左掌顺势抓拿敌方左上臂，向左拽压，致其身向前俯；右脚乘机跨步，进至敌方左门；右掌握成锥子拳，乘机点击敌方腰后，伤其腰阳关穴。（图4-61）

图4-61

第五章

字门秘传二十四式拿穴法

拿穴法，是一种特殊类型的穴位点击法。其重用爪手，手法单一，主要使用三指（拇指、食指、中指）抓拿，以锁扣之力伤敌方穴道，又叫"五把钳""掐穴法""摸穴法""小手"等。

"插手如剑点如刀，拿如铁钳黏如胶"。穴位点击讲究"快打快收，抽撤连环"，注重奇袭，快捷善变；劲法明快，收发灵利；讲究速度，以快胜慢。而拿穴讲究"快拿缓收，加力强制"，拿住不放，收手较慢，劲法缠绵，拿住敌方穴道之后还要加力，加强刺激，致敌方疼痛失力、昏晕倒地方止。

有所谓"暗手隐劲，藏于擒跌"，拿穴之法多不单用，常融合在擒拿与摔跌之中，如此既可顺势拿穴，提高杀伤力，令敌难测，且可免拿穴有误，被敌反击。

据传，字门有一拿穴古法叫"五百钱"，学之要交铜钱五百文，秘不外漏。据研究，其多偷袭之法，并不明用，致人暗伤，此属武林阴手，不宜推广，故本书从略。

一、拿太阳

【实战举例】

1. 敌方右脚上步,右拳冲击我方脸部。我方向左稍闪,沉身坐马;上提右掌,向右拦格敌方右腕。(图5-1)

图5-1

第五章　字门秘传二十四式拿穴法

2. 随即，我方右掌抓拿敌方右前臂，向右下拽；右脚前跨，进至敌方右门，拦住敌方右腿；左掌向前上伸，掌心按住敌方额部，虎口向下，拇指扣拿敌方右侧太阳穴，中指扣拿敌方左侧太阳穴。（图5-2）

图5-2

3. 我方腰向左拧；左手旋劲向左下压，致敌方后仰，伤其要穴，将其擒拿。（图5-3）

图5-3

193

二、拿天容

【实战举例】

1. 敌方右脚上步，右拳冲击我方胸部。我方撤身闪过，蹲步坐马；两腕相交成十字手，向上架住敌方右臂。（图5-4）

图5-4

2. 我方右掌顺势抓拿敌方右腕，向右牵带；身向前探，两腿弓步；左手前伸，锁扣敌方右肩（拇指扣其肩胛肌，食指、中指扣其锁骨）。（图5-5）

图5-5

3. 我方右脚垫步，左脚跨进敌方右门；左掌外划，压落敌方右臂；右手前伸，拇指扣拿敌方右耳垂后之天容穴，食指、中指扣拿敌方右眼，致其受创，失力被擒。（图5-6）

图5-6

三、拿风府

【实战举例】

1. 敌方右脚上步，右拳冲击我方脸部。我方右脚向左上步闪开；身向右旋，右掌向右拦切敌方右肘。（图5-7）

图5-7

2. 我方继续右转，两脚绕步，进至敌方右后；左手乘机上伸，拇指扣拿敌方后脑之风府穴，其余四指按压敌方后脑，致其昏晕失力。（图5-8）

图5-8

四、拿天柱

【实战举例】

1. 敌方左脚进步，左拳冲击我方胸部。我方向右稍闪；上起左掌，向左拦压敌方左肘。（图5-9）

图5-9

2. 我方左手顺势抓住敌方左腕，向左牵带；右脚前跨一步，进至敌方左脚前侧；随之向左旋身，左脚插步，进至敌方左后方；右掌乘机扣拿敌方后脑，拇指扣其左侧天柱穴，中指扣其右侧天柱穴。（图5-10）

图5-10

3. 我方左手紧抓敌方左腕，继续向左拧拽；右手紧扣敌方天柱穴用力向左旋压，将其擒伏。（图5-11）

图5-11

五、拿廉泉

【实战举例】

1. 敌方右脚上步，右拳冲击我方腹部。我方向右稍闪，后收左脚，丁步吞身；下伸左臂，向左拦挡敌方右臂。（图5-12）

图5-12

2. 左脚一收即上，进至敌方右门；前伸右手，锁扣敌方喉部（拇指扣其廉泉穴，其余四指扣其颈部左侧），致其窒息失力。（图5-13）

图5-13

六、拿肩井

【实战举例】

1. 敌方右脚上步，右拳冲击我方腹部。我方撤步偏身，沉身坐胯；下伸左臂，向左拦格敌方右臂。（图5-14）

图5-14

2. 我方左掌顺势抓拿敌方右拳或右腕，向左旋拧；右脚跨步，进至敌方右门；右肘兜住敌方右肘用力旋扭，伤其关节。（图5-15）

图5-15

3. 我方右脚外展，左脚上步进至敌方身后，上体右转；左手继续旋扭敌方右腕；右肘顺势翘别敌方右肘，右掌乘机向右翻转，按压敌方右肩，中指扣其肩井穴，擒而伤之。（图5-16）

图5-16

七、拿巨骨

【实战举例】

1. 敌方右脚上步，两拳向我方头部夹击而来。我方撤身弓步；上提两掌，向外分崩，拦截敌方两臂。（图5-17）

图5-17

2．我方左脚前跨一步，左腿弓步；两手顺势前伸，中指指尖扣按敌方两肩之巨骨穴，拇指扣其锁骨前缝，致其昏晕失力。（图5-18）

巨骨穴

图5-18

八、拿臂臑

【实战举例】

1．敌方左脚进步，左拳崩击我方嘴部。我方右脚摆步，向右偏身；上起左掌，向左切击敌方左肘。（图5-19）

图5-19

2. 我方左手顺势抓住敌方左腕，向左下拧；左脚上步，进至敌方中门；前伸右手，用拇指扣拿其臂臑穴，其余四指扣拿其上臂外下侧肌，致其整臂酸麻无力。（图5-20）

图5-20

3. 我方右脚前上一步，进至敌方裆下；向左转体，两手抓拿不放，一起向左旋劲拽压，致其前栽扑地，手臂受伤被擒。（图5-21）

图5-21

九、拿手五里

【实战举例】

1. 敌方右脚进步，右拳崩击我方喉部。我方左脚撤步，成右弓步；上起左掌，向左拦切敌方右臂。（图5-22）

图5-22

2. 我方左手顺势抓住敌方右腕，向左下拉；左脚上步；上伸右手，抓拿敌方右上臂，用拇指扣其手五里穴。（图5-23）

图5-23

3．我方两脚前滑，靠近敌身；右手紧拿其穴不松，加力锁扣；左手向左旋劲上扳，伤其腕肘，将其擒制。（图5-24）

图5-24

十、拿曲池

【实战举例】

1．敌方左脚进步，左拳冲击我方下腹。我方撤步吞身；下伸左手，抓住敌方左拳或左腕。（图5-25）

图5-25

第五章　字门秘传二十四式拿穴法

2. 随即，我方右腿蹬直，左腿前弓；前伸右手，抓拿敌方左肘，用拇指扣其曲池穴，致其酸痛失力。（图5-26）

图5-26

3. 我方右脚稍跟半步，立身而起；左手紧握敌方左手，向前下扳；右手抓紧敌方左肘，用力上托，上下交错，伤其关节。（图5-27）

图5-27

205

十一、拿少海

【实战举例】

1. 敌方右脚上步,右拳崩击我方腹部。我方撤步吞身；前伸左手,抓住敌方右腕,不让其逃。（图5-28）

图5-28

2. 随即,我方左手顺势向左缠拧敌方右腕,致其右臂外转；右手乘机抓拿敌方右肘,用拇指扣其少海穴,其余四指扣其曲池穴。（图5-29）

图5-29

3. 我方右脚上步，进至敌方右门，后绊敌方右腿，不让其退；右手紧扣敌穴不松；左手再向前上扳其右腕，扭其右臂，将其擒制。（图5-30）

图5-30

十二、拿尺泽

【实战举例】

1. 敌方右脚上步，右拳冲击我方脸部。我方撤步避过；上起右掌，向右上拦敌方右臂。（图5-31）

图5-31

2. 我方右手顺势抓拿敌方右腕，向右拧拉；左脚上步，身向右转，右脚外摆；上起左手，抓托敌方右肘，用拇指扣其尺泽穴，中指扣其鹰嘴骨缝。（图5-32）

图5-32

3. 我方右脚垫步，左脚前滑，进至敌方右门；两手用力向右缠拧，反扭敌方右臂，将其擒制。（图5-33）

图5-33

十三、拿阳池

【实战举例】

1. 敌方左脚进步,左拳崩击我方胸部。我方沉身后坐;上起左掌,向右拦格敌方左拳或左腕。(图5-34)

图5-34

2. 随即,我方左手顺势抓拿敌方左腕,中指扣其阳池穴;上推右掌,按住敌方左拳。(图5-35)

图5-35

3. 我方右脚上步，进至敌方中门；向左转身，左手紧扣其穴；右肘向左盘压敌方左肘，扭其关节，致其前栽。（图5-36）

图5-36

十四、拿阳谷

【实战举例】

1. 敌方左脚进步，左拳崩击我方头部。我方沉身后坐；上起右掌，向右格挡敌方左腕。（图5-37）

图5-37

第五章 字门秘传二十四式拿穴法

2. 随即,我方右手旋腕抓住敌方左腕,中指扣其阳谷穴;上提左掌,按住敌方左拳。(图5-38)

图5-38

3. 我方左脚上步,身体上起;两手合力旋拧,反折敌方手腕上托,将其擒制。(图5-39)

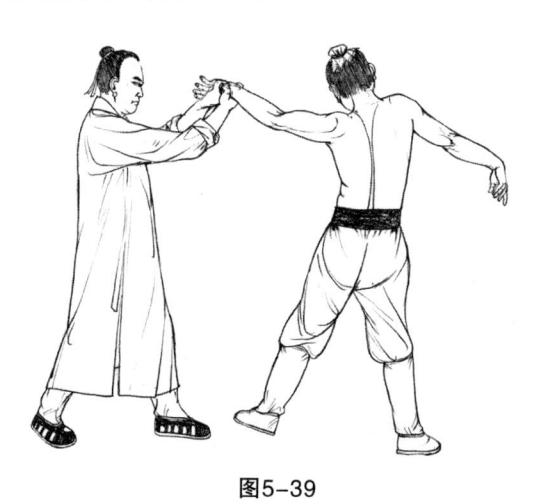

图5-39

十五、拿大陵

【实战举例】

1. 敌方右脚上步,右拳冲击我方脸部。我方向后撤步;上挑左掌,向左拦格敌方右腕。(图5-40)

图5-40

2. 随即,我方左掌旋腕抓住敌方右腕,拇指扣其大陵穴。(图5-41)

图5-41

3. 我方再起右手抓住敌方右手，两手一起向下拉拽；腰向右拧，左脚向右勾踢敌方右脚，致其仰跌于地。（图5-42）

图5-42

十六、拿期门

【实战举例】

1. 敌方左脚前移，右腿蹬向我方头部。我方左脚向左闪步，重心左移，偏身避过。（图5-43）

图5-43

2. 随即，我方右脚上步，左脚绕步，进至敌方右后方。（图5-44）

图5-44

3. 我方左脚再上，从敌方背后进至其裆下；前伸两掌，抱住敌方两肋，中指扣其左右期门穴，用力伤之。（图5-45）

图5-45

十七、拿章门

【实战举例】

1. 敌方左脚进步,左拳崩击我方脸部。我方向后撤步,沉身坐马;上起左掌,向左拦格敌方左臂。(图5-46)

图5-46

2. 我方左肘顺势前撑,架起敌方左臂;左脚上步,右脚紧跟,贴近敌身;前伸右手,用拇指扣其左章门穴,其余四指扣其肋侧皮肉,致其伤损。(图5-47)

图5-47

十八、拿膈关

【实战举例】

1. 敌方右脚上步,右拳冲击我方胸部。我方向后撤步,沉身坐马;上起左掌,向右拦劈敌方右臂。(图5-48)

图5-48

2. 我方左掌继续用力,抖劲震击,致敌方右臂下落,身向前俯;左脚外摆,右脚上步,进至敌方右门;右手划劲下按,拇指扣其背部左侧之膈关穴,致其疼痛失力。(图5-49)

注意:使用此招第2动时,如我方左掌未能致敌方俯身,则要顺势用手抓其头发,向下拽压;敌方不俯身,我方则无法拿其后背要穴。

膈关穴:字门旧称凤尾穴。如被点拿,则气逆血闭,顿时晕倒。

图5-49

十九、拿志室

【实战举例】

1. 敌方左脚进步，左拳崩击我方脸部。我方右脚向右闪步，侧势横裆；上起左手，向左拦切敌方左肘。（图5-50）

图5-50

2. 我方右脚向左上步；左掌顺势前滑，按压敌方左肩；前伸右手抓拿敌方腰部，中指扣其左侧志室穴，拇指扣其肋侧皮肉。（图5-51）

图5-51

3. 我方身向左转，两手一起发劲，左掌向左旋劲拦压，右手向左猛劲抖送，致其扑地前栽。（图5-52）

志室穴：字门旧称精促穴。

图5-52

二十、拿箕门

【实战举例】

1. 敌方左脚前移，右脚蹬向我方腹部。我方向左闪步，沉身坐马；右掌变勾手，向右勾挂敌方右脚后跟。（图5-53）

图5-53

2. 我方右脚前移，身向右转；右手继续上勾敌方右腿，顺势用右肘兜住；左手抓住敌方右膝向右下按，中指扣其箕门穴。（图5-54）

图5-54

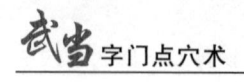

3. 我方左手扣紧，继续下按；右肘兜住敌方右小腿，猛劲向前上送，致其后翻滚地。（图5-55）

箕门穴，字门旧称白海穴。

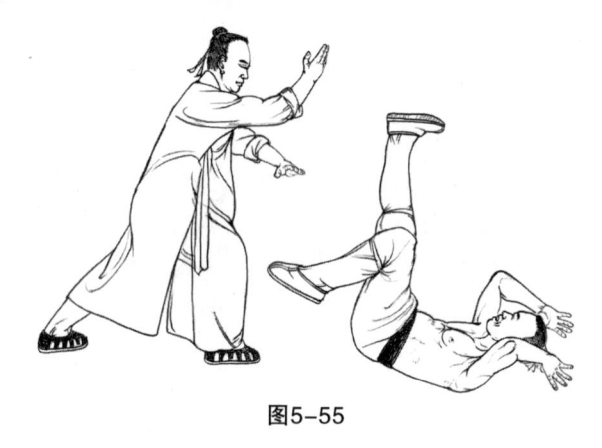

图5-55

二十一、拿委中

【实战举例】

1. 敌方垫步进身，左脚蹬向我方胸部。我方撤步避过；左手向前上抄，抓住敌方左脚后跟。（图5-56）

图5-56

2. 我方右脚前移，两腿弓步；前伸右手，抓住敌方左膝，拇指扣其外膝眼，中指扣其膝弯之委中穴。（图5-57）

图5-57

3. 我方两手一起向右扳扭敌方右腿；提起左脚，旋劲踩踏敌方右脚踝，致其受伤倒地。（图5-58）

图5-58

二十二、拿筑宾

【实战举例】

1. 敌方左脚前移，右脚弹踢我方腹部。我方向左闪步，沉身坐马；右掌变勾手，向右勾挂敌方右脚跟。（图5-59）

图5-59

2. 我方左脚上步，身向右转；右手继续上勾敌方右腿，顺势用右肘兜住；左手向下抓拿敌方小腿，用中指紧扣其筑宾穴。（图5-60）

图5-60

3．我方左脚向左摆步，向左后转；右脚向左后插步，进至敌方右后方；右肘兜转，左手扳拧，合力把敌方旋翻于地。（图5-61）

图5-61

二十三、拿公孙

【实战举例】

1．敌方右脚上步，右拳横击我方头部。我方原位潜身，两腿跪步，避过来拳；身向前俯，下伸左手，向右搂抓敌方右脚后跟。（图5-62）

图5-62

2. 我方弓步起身；左手抓扳敌方脚跟向上抄起，顺势用左前臂兜住，致其身向后歪。（图5-63）

图5-63

3. 我方右手乘机抓拿敌方右脚背，中指扣其公孙穴，致其疼痛失力。（图5-64）

图5-64

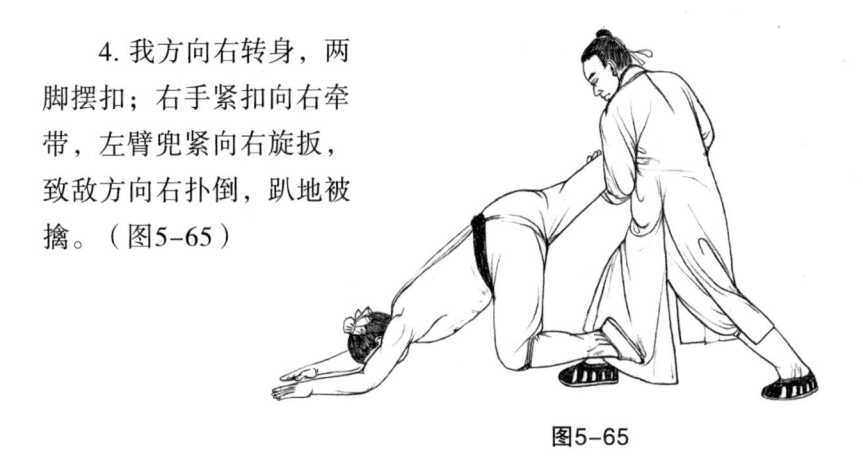

4.我方向右转身，两脚摆扣；右手紧扣向右牵带，左臂兜紧向右旋扳，致敌方向右扑倒，趴地被擒。（图5-65）

图5-65

二十四、拿涌泉

【实战举例】

1.敌方左脚前移，右脚蹬击我方腹部。我方向左闪过，沉身坐马；右手顺势托抓敌方右脚后跟（用拇指按住其鞋里侧，其余四指扣住其鞋后跟）；左肘上兜敌方右小腿。（图5-66）

图5-66

225

2. 随即，我方左肘用力向左勒紧敌方小腿，以防其逃；右手乘机脱掉敌方右脚之鞋，以利点穴。（图5-67）

图5-67

3. 我方左手向右托抓敌方右脚后跟；右手向左抓拿敌方右脚，拇指扣其涌泉穴。（图5-68）

图5-68

4. 我方两手合力向右旋拧，将敌方扭翻于地，前趴难起。（图5-69）

图5-69